Germanistik zwischen Tradition und Innovation

PUBLIKATIONEN DER INTERNATIONALEN VEREINIGUNG FÜR GERMANISTIK (IVG)

Herausgegeben von Franciszek Grucza und Jianhua Zhu

Band 20

PETER LANG

Frankfurt am Main · Berlin · Bern · Bruxelles · New York · Oxford · Warszawa · Wien

Akten des XIII. Internationalen Germanistenkongresses Shanghai 2015

Germanistik zwischen Tradition und Innovation

Herausgegeben von Jianhua Zhu, Jin Zhao
und Michael Szurawitzki

Band 1

Eröffnung, Ansprachen, Festreden, Berichte, Protokolle

PETER LANG
Internationaler Verlag der Wissenschaften

Bibliografische Information der Deutschen Nationalbibliothek
Die Deutsche Nationalbibliothek verzeichnet diese Publikation in der Deutschen Nationalbibliografie; detaillierte bibliografische Daten sind im Internet über http://dnb.d-nb.de abrufbar.

Umschlaggestaltung:
© Olaf Gloeckler, Atelier Platen, Friedberg

Umschlagabbildung:
Universität Shanghai, mit freundlicher Genehmigung
von Vanessa Müller.

ISSN 2193-3952
ISBN 978-3-631-66863-4 (Print)
E-ISBN 978-3-653-06214-4 (E-Book)
DOI 10.3726/978-3-653-06214-4

Peter Lang – Frankfurt am Main · Bern · Bruxelles · New York · Oxford · Warszawa · Wien

Diese Publikation wurde begutachtet.

www.peterlang.com

Inhaltsverzeichnis

Vorwort der Herausgeber

Der vorliegende Band ist der erste in der Dokumentation des XIII. Kongresses der Internationalen Vereinigung für Germanistik (IVG), der vom 23.–30. August 2015 an der Tongji-Universität Shanghai stattfand. Der Band versammelt die den Herausgebern zum Abdruck zur Verfügung gestellten auf der Eröffnungsveranstaltung gehaltenen Ansprachen und dokumentiert die Shanghaier Voll- und Wahlversammlung der IVG-Mitglieder. Weiter sind Berichte zur Tätigkeit der IVG-Organe, zum Finanzgebaren, Satzungsänderungen und dem Kongressverlauf aufgenommen. Die feierliche Verleihung des Jacob-und-Wilhelm-Grimm-Preises 2015 an Professor Paulo Astor Soethe ist mit allen gehaltenen Ansprachen und Festreden dokumentiert. Ebenso enthält der vorliegende Band die Präsentation des chinesisch-deutschen Projekts „*Literaturstraße*", die Anschriften der Mitglieder und des Präsidiums der IVG für 2015–2020, die aktuelle Satzung sowie ein Verzeichnis der vorangegangenen Kongressakten (Wien 2000, Paris 2005, Warschau 2010).

Shanghai, im Februar 2016

Jianhua Zhu
Jin Zhao
Michael Szurawitzki

I. Eröffnung des XIII. IVG-Kongresses

Zhu Jianhua
Tongji-Universität Shanghai

1. Begrüßungsworte und Eröffnungsrede des Präsidenten der IVG

Sehr geehrte Präsidenten, verehrte Ehrengäste, meine Damen und Herren!

1

Es ist mir eine große Freude und Ehre, den XIII. Kongress der Internationalen Vereinigung für Germanistik zu eröffnen. Ich möchte im Namen des Präsidiums und des Internationalen Ausschusses der IVG, des Shanghaier IVG-Organisationsteams und auch persönlich Sie alle in Shanghai und in meiner Universität herzlich willkommen heißen. Der diesjährige Kongress der IVG, der nach fünfjährigen Vorbereitungen in der Tongji-Universität Wirklichkeit geworden ist, bedeutet nicht nur ein wichtiges Ereignis in der Geschichte der *internationalen* Germanistik, nämlich dass dieser alle fünf Jahre stattfindende Weltkongress zum ersten Mal nach China kommt, sondern er ist in diesem Augenblick auch als ein neues Kapitel in die Geschichte der Germanistik *in China* eingeschrieben worden.

Meine Damen und Herren! Da Sie heute in Shanghai sind, viele auch zum ersten Mal in China, wäre es es wohl nicht uninteressant, einen kurzen Rückblick auf die geschichtliche Entwicklung der Germanistik in China zu werfen. Die institutionelle Beschäftigung mit der deutschen Sprache in China, vor allem an Universitäten und Hochschulen, hat eine lange Tradition von beinahe 150 Jahren. Sie ist bis zur 1867 in Beijing begründeten Sprachschule Tong Wen Guan zurückzuführen, wo Deutsch 1872 neben Englisch und Französisch als Unterrichtsfach eingeführt wurde. In den 1920er Jahren wurde Germanistik im weiteren Sinne als ein selbständiges Fach in der Universitätsausbildung nach allgemeiner Auffassung zum ersten Mal in der Beijing Universität eingerichtet, die unter der Leitung des berühmten Pädagogen Cai Yuanpei vom deutschen Bildungsideal stark beeinflusst wurde. Die Germanistik blieb bis in die 1970er Jahre hinein ein zumeist kleines Fach, das auch nur an wenigen Universitäten unterrichtet wurde. Internationale Kontakte waren kaum denkbar. 1985 reiste zum ersten Mal eine

Delegation der chinesischen Germanisten nach Deutschland, zum 7. Kongress der IVG in Göttingen; dies geschah auf Einladung meines Vorgängers Professor Albrecht Schöne. Als der damalige Bundespräsident Richard von Weizsäcker in seiner Ansprache die Arbeiten von Germanisten in verschiedenen Ländern mit einem Zitat von Lao Tse anschaulich darstellte: „Man hört die Hühner gackern, die Hunde bellen, und doch verkehrt man bis zu Tode mit seinen Nachbarn nicht", waren nicht nur die chinesischen Germanisten tief berührt. Seit den 1980er Jahren, besonders durch die Reform- und Öffnungspolitik Chinas, haben die Germanistik und die Sprachausbildung Deutsch eine stetige Aufwärtsentwicklung erfahren. Die chinesischen Germanisten haben in den letzten 30 Jahren beachtliche Resultate in Forschung und Lehre erzielt. Die Zahl der Universitäten und Hochschulen, wo die Germanistik als Fach eingerichtet ist, hat sich von etwa 20 Anfang der 1990er Jahre auf über 100 bis Ende 2014 erhöht. Deutsch wird nach der Statistik in der landeseinheitlichen Prüfung für Hochschuldeutsch in den letzten 3 Jahren (2012–2015) in über 220 Universitäten und Hochschulen in China unterrichtet. Seit etwa 1980 haben chinesische Germanisten zahlreiche nationale und internationale Konferenzen und Fachtagungen veranstaltet, darunter z. B. die Deutsch-Chinesische Germanistentagung 1986 in Beijing, das Chinesisch-Japanische Germanistentreffen 1990 in Beijing, die 1. Asiatische IDV-Regionaltagung 1994 in Beijing sowie die Asiatischen Germanistentagungen 1996, 2002 und 2012 in Beijing, und rege internationale Kontakte aufgebaut. Mit dem diesjährigen Kongress der IVG in Shanghai wird das bis dato bei weitem größte internationale Ereignis in der Geschichte der Germanistik in China realisiert.

2

Liebe IVG-Mitglieder, meine Damen und Herren! Dass ich 2010 in Warschau zum IVG-Präsidenten gewählt wurde und der Weltkongress der Germanistik somit zum ersten Mal in China, und in der Metropolstadt Shanghai veranstaltet wird, ist nicht nur eine große Ehre für mich persönlich, sondern vielmehr eine große Ehre für die Germanistik in China und eine Anerkennung unserer bisherigen Arbeiten. Es bedeutet aber gleichzeitig auch eine große Herausforderung für uns, weil wir zum ersten Mal die Mammutaufgabe übernommen haben, Germanistinnen und Germanisten aus aller Welt zusammenzubringen. Fünf Jahre Vorbereitung sind abgeschlossen. Insgesamt sind am Kongress über 1200 Teilnehmerinnen und Teilnehmer aus 69 Ländern von allen Erdteilen beteiligt, über 1000 Vorträge werden ab heute gehalten werden. Die größte Gruppe – mit ca. 300 aktiven Teilnehmerinnen und Teilnehmern – kommt natürlich aus Deutschland. Ich muss mit Stolz betonen, dass die über 140 chinesischen Germanisten mit Abstand die zweitgrößte Gruppe ausmachen, das bedeutet, dass durch diesen Kongress in China viele chinesische Germanisten, vor allem junge Nachwuchskräfte, Gelegenheit bekommen haben, als Mitglied in die IVG eintreten zu können. Die weiteren Plätze haben die Teilnehmer aus folgenden Ländern auf der Liste der Reihe nach eingenommen: USA 52, Polen 51, Korea 48, Japan 46, Italien 42, Türkei 40, Russland 28, Schweiz 26, Österreich 24. Eine Reihe weiterer Gruppen werden von weniger als 20 Teilnehmern vertreten. Ich freue mich sehr, dass auch afrikanische Kollegen von der Elfenbeinküste, aus Togo und Kenia trotz der weiten Anreise zum Kongress gekommen sind.

Von über 70 Sektionsvorschlägen sind durch Zusammenlegungen insgesamt 51 Sektionen ins Programm aufgenommen worden. Sie teilen sich in vier große Bereiche: Germanistische Linguistik, Literaturwissenschaft, Kulturwissenschaft und Sprachdidaktik. Neben den zwei Plenarvorträgen am heutigen Vormittag haben wir während des ganzen Kongresses 6 Panels mit Podiumsdiskussion vorgesehen. 36 Experten werden ihre Ansichten zu den Panelthemen äußern und ihre Meinungen zur Diskussion stellen. Das Programm wird durch die vom DAAD bisher traditionell auf dem IVG-Kongress veranstaltete feierliche Grimmpreisverleihung komplettiert. Für das chinesisch-deutsche Projekt „Literaturstraße", das seit über 10 Jahre von der Fritz Thyssen Stiftung gefördert wird und die Germanistik in China tatkräftig unterstützt hat, ist eine gesonderte Präsentation, verbunden mit einer Lesung des renommierten Schriftstellers Christoph Ransmayr, vorgesehen. Für drei weitere Lesungen haben wir mit Unterstützung des Goethe-Instituts die ebenfalls sehr bekannten Schriftsteller Volker Braun, Martin Mosebach und Tea Dorn gewinnen können. Außerdem haben wir neben dem fachlichen Programm, wie allen vorherigen IVG-Kongressen, mit den chinesischen, deutschen, österreichischen und luxemburgischen Kulturabenden mit künstlerischen Darbietungen, für ein attraktives Rahmenprogramm gesorgt.

3

Meine Damen und Herren! Wie Sie unserer Homepage und dem Programmheft entnehmen können, lautet das Rahmenthema, das wir schon 2011 auf der 1. Ausschusssitzung der IVG festgelegt und bekanntgegeben haben, *Germanistik zwischen Tradition und Innovation*. Die beiden letzten Stichwörter sind heutzutage sowohl in China als auch weltweit hochaktuell, denn einerseits ist China ein Land mit über 5000 Jahren Zivilisationsgeschichte, wo man gern über die Wurzeln der alten Tradition redet. Andererseits sind Begriffe wie Innovation oder Erneuerung, Kreativität oder Schöpfungskraft gegenwärtig viel diskutierte Themen, die auch mit Sprache und Literatur verbunden werden können. Z. B. hatten wir durch

Regierungsabkommen zwischen China und Deutschland von 2013–2014 das Chinesisch-Deutsche Jahr der Sprache und von 2014–2015 das Chinesisch-Deutsche Jahr der Innovation. Wo ist der Weg zur Innovation? Für die Germanistik ist dies auf jeden Fall ein umfangreiches Thema, unter dem man sich im Rahmen der genannten thematischen Blöcke unserer Konferenz viel vorstellen kann.

Für die internationale Germanistik ist der kulturelle Pluralismus, nicht nur in der sprachwissenschaftlichen Untersuchung, sondern auch in der literaturwissenschaftlichen Forschung und Kulturkomparatistik von großer Bedeutung. Dabei ist u. a. besonders die traditionelle chinesische Auffassung der Harmonie zu betonen. Der Begriff „Harmonie" (chin. 和谐 he xie) impliziert die Verschiedenheit und Vielfältigkeit (chin. 和而不同 he er bu tong), gleichzeitig aber auch die Toleranz, Respekt und Anerkennung gegenüber anderen. Was heutzutage die Stellungen der verschiedenen Kulturen der Länder anbetrifft, treten wir für eine Gleichberechtigung ein. Aus der Sicht der internationalen Germanistik respektieren wir alle Germanisten, auch wenn sie mit wenigen Kolleginnen und Kollegen in ihrem eigenen Land, oft unter schwierigen Bedingungen, oder ob sie in der Literaturwissenschaft oder Linguistik ganz theoretisch, oder in der Didaktik und Methodik ganz praxisorientiert, arbeiten.

Im Sinne von W. von Humboldt ist der kulturelle Pluralismus mit der Vielsprachigkeit eng verbunden, da die Verschiedenenheit der Sprachen nach ihm nicht in ihren Schällen und Zeichen, sondern in ihren Weltansichten besteht.[1] Welche Stellung hat Deutsch auf der Welt? Mit der Globalisierung hat man seit über 10 Jahren bei verschiedenen Gelegenheiten, z. B. in Europa, immer mehr über Mehrsprachigkeit diskutiert. Deutsch ist zwar nicht mehr wie vor 100 Jahren eine weltweit führende Wissenschaftssprache, bleibt aber eine wichtige Kultursprache, die immerhin von über 100 Millionen Menschen gesprochen wird. Heutzutage wird Englisch fast überall als *lingua franca* verwendet und anerkannt, auch in China. Jedoch muss man sehen, dass die anderen Sprachen – wie Deutsch – weiterhin die jeweiligen Kulturen repräsentieren.

Auf die Zukunft der internationalen Germanistik blickend, geht das Rahmenthema Germanistik zwischen Tradition und Innovation einerseits von dem traditionell gemeinsamen philologischen Kern der Germanistik, und andererseits von zahlreichen kreativen und innovativen Ideen aus, die gegenwärtig

1 Vgl. Humboldt, Wilhelm v. (1836), Über die Kawisprachen auf der Insel Java. Einleitung: Über die Verschiedenheit des menschlichen Sprachbaues und ihrem Einfluss auf die geistige Entwicklung des Menschengeschlechts. In: Nette, Herbert (Hrsg.) (1949), *Über die Verschiedenheit des menschlichen Sprachbaues*. Darmstadt: Claassen & Roether.

durch Phänomene wie Globalisierung der Wirtschaft, Internationalisierung der Wissenschaft und Technik, Vielfalt der Kulturen usw. gekennzeichnet sind. Die nachhaltige Entwicklung der Germanistik besonders außerhalb des deutschen Sprachraums ist eine der zentralen Herausforderungen für uns.

International gesehen kennt die Wissenschaft immer weniger staatliche Grenzen. Dies ist auch im Fach Germanistik der Fall. Ein wichtiger Faktor ist die Internationalisierung der Germanistik. Die GermanistInnen aus verschiedenen Ländern diskutieren z. B. auf vielen Regionaltagungen, Symposien, Workshops usw., oder wie auf diesem Weltkongress, zusammen über Germanistische Linguistik, Literaturwissenschaft, über Didaktik und Methodik des Deutschen als Fremdsprache, über die deutsche Kultur usw. Sie besprechen gemeinsame Probleme und tauschen ihre Erfahrungen aus. In diesem Sinne bedeutet die Internationalisierung der Germanistik einen wichtigen Weg zum Kulturaustausch und zur Völkerverständigung. Bei vielen Gelegenheiten werden die Germanisten aus der ganzen Welt heutzutage durch gemeinsame regionale Aktivitäten untereinander, und durch Unterstützung verschiedener Institutionen und Stiftungen immer enger vernetzt, nicht nur in Europa, sondern auch in Asien und Lateinamerika. Z. B. haben die Germanisten aus China, Japan und Korea seit Anfang der 1990er Jahre, wie eingangs kurz erwähnt, regelmäßige asiatische Germanistentagungen veranstaltet. Die Austausche und Kooperationen beschränken sich aber nicht nur auf diese drei Länder, sondern sind vor dem Hintergrund existierender und weiter entwickelnder globaler Netzwerke zu sehen und entwickeln die internationale Germanistik fort.

Fachlich gesehen haben die Germanistik in deutschsprachigen Ländern und die Auslandsgermanistik zwar unterschiedliche Charaktere, aber die Perspektiven ergänzen sich durch die Kulturunterschiede, die heute immer mehr zu Inter- und Transkulturalität führen. Daher bedeutet **die Internationalisierung** nicht nur einen Perspektivenwechsel, sondern ist tatsächlich eine Bereicherung für das Gesamtfach Germanistik. Selbstverständlich haben wir nach wie vor den gemeinsamen fachlichen Kern, nämlich die Philologie. Das Fach kann aber durch kreative Ideen, konstruktive Vorschläge und zukunftsfähige Modelle weiter ergänzt werden.

Aus der Perspektive der internationalen Germanistk betreffen Entwicklungstendenzen nicht nur die Erweiterung des fachlichen Umfangs, sondern auch die Vertiefung des fachlichen Inhalts. Sie sind vor allem z. B. die Erweiterung von der Theorie zur Anwendung, von den innersprachlichen zu außersprachlichen Faktoren sowie von den allgemeineren zu speziellen Fachrichtungen (wie etwa Wirtschaftdeutsch). Die Synergieeffekte kommen m. E. von der Inter- bzw. der

Transdisziplinarität von Forschung und Lehre. Sie schaffen neue Perspektiven und führen zu Kreativität für die internationale Germanistik. Dabei sind neue Elemente und neue Impulse besonders aus folgenden Fächern zu nennen:

- Kulturwissenschaft
- Soziologie
- Anthropologie und Ethnologie
- Erziehungswissenschaft
- Sprachlehrforschung
- Philosophie
- Ästhetik
- Psychologie
- Natur- und Wirtschaftswissenschaft

Ich bin fest davon überzeugt, dass wir in den folgenden Tagen viele solcher Impulse und Elemente in den Vorträgen und Diskussionen entdecken werden.

4

Liebe Kolleginnen und Kollegen, meine Damen und Herren!

Das Zustandekommen des diesjährigen Kongresses ist ohne Mitwirkung, Unterstützung und Hilfeleistungen von verschiedenen Seiten bis in die kleinsten Details undenkbar. Ich denke vor allem an unsere drei Ausschusssitzungen 2011, 2012 und 2014 und zwei Sitzungen der Satzungskommission 2013 und 2015, die wir in Shanghai, Palermo und Krakau veranstaltet haben, wo die Mitglieder des Präsidiums und des Internationalen Ausschusses das Rahmenthema gemeinsam festgelegt, die Sektionsvorschläge sorgfältig überprüft und Satzungsfragen tiefgehend besprochen haben. Ich denke an die vielen Gespräche und Diskussionen mit DAAD, AvH, dem Goethe-Institut und der Fritz Thyssen Stiftung – in Bonn, Köln, Beijing und Shanghai – über die Förderprogramme für Kongressteilnehmer, die Organisation der Sektionen und Panels, bis hin zur Unterstützung des DAAD für eine sechsmonatige Hilfskraftstelle in unserem IVG-Team. Ich denke an Gespräche mit den Generalkonsulaten von Deutschland, Österreich, der Schweiz und Luxemburg in Shanghai, um die Kulturprogramme vorzubereiten. Ich denke an viele Besprechungen mit Foreign Language Teaching and Research Press (FLTRP) über die gesamte Planung und Organisation der Buchausstellung von Verlagen. Ich denke an die Unterstützung des chinesischen Germanistenverbands und von zahlreichen chinesischen Kolleginnen und Kollegen mit vielen konstruktiven Ideen und Vorschlägen. Selbstverständlich denke ich an die universitätsinterne

Unterstützung und Mitwirkung, von Anfang an bis heute, von der Universitätsleitung bis hin zu allen betroffenen Abteilungen wie zum Auslandsamt, der logistischen Abteilung und Finanzabteilung, zur Abteilung für Pressemitteilungen, zum Chinesisch-Deutschen-Campus, vor allem aber an die unermüdliche Mitarbeit meiner Kolleginnen und Kollegen im Fremdsprachenkolleg, in der deutschen Fakultät, im IVG-Team und im studentischen Volunteerteam. Meine Damen und Herren! An dieser Stelle möchte ich allen genannten und nicht genannten Seiten für das Gelingen dieses 13. Kongresses der IVG meine tiefste und herzlichste Dankbarkeit aussprachen. Nicht zuletzt möchte ich Ihnen, lieben Mitgliedern der IVG, allen Sektions- und Panelleiterinnen und -leitern sowie allen Vortragenden herzlich danken. Ihre aktive Teilnahme hat zum gesamten Programm des Kongresses und somit zum Erhalt der internationalen Germanistik wesentlich beigetragen.

Vielen Dank für Ihre Aufmerksamkeit!

Shi Mingde
Botschafter der VR China in Deutschland

2. Grußadresse des Botschafters der Volksrepublik China in Berlin

Grußwort anlässlich der Eröffnung des 13. Weltkongresses der Internationalen Vereinigung für Germanistik
24. August 2015

Sehr geehrte Festversammlung,
meine Damen und Herren!

„Das Menschlichste, was wir haben, ist doch die Sprache" meinte Theodor Fontane, und dieses Zitat möchte ich an den Anfang meines Grußworts stellen. Das Deutsche, die Sprache Luthers, Goethes, Heines, Fontanes und Thomas Manns, ist für uns Germanisten ein kultureller Wert von höchstem Rang. Sie verbindet uns, und heute führt sie uns zusammen. Ich freue mich, dass der 13. Weltkongress unserer Gemeinschaft, der Internationalen Vereinigung für Germanistik, in China stattfindet.

Die IVG kann auf eine Geschichte von 60 Jahren zurückblicken. Ihren Weltkongress in diesem Jubiläumsjahr in China und in Shanghai an der Tongji-Universität abzuhalten ist eine sehr gute Idee. Mit etwa 3.000 Germanistikstudenten an mehr als 100 Universitäten und mit über 20.000 Deutschlernenden gehört China zu den wichtigen Zentren sowohl der germanistischen Lehre und Forschung als auch der Vermittlung von Deutsch als Fremdsprache. Die Tongji-Universität, die im Jahr 1907 vom deutschen Arzt Erich Paulun gegründet wurde, ist in China ein berühmtes Symbol für die enge Verbindung zwischen Deutschland und China.

Nichts führt uns näher an die Seele eines Volks heran als seine Sprache und Literatur. Germanist zu sein bedeutet nicht nur die lernende, lehrende und forschende Beschäftigung mit deutscher Sprache, Geschichte und Kultur. Es bedeutet vielmehr, zur Völkerverständigung und zur Bereicherung der Kulturen beizutragen. Aus meiner Berufserfahrung weiss ich, dass keine Übereinstimmung und kein Konsens in den zwischenmenschlichen Beziehungen ohne den sprachlichen Prozess auskommt. Ob das Deutsche nun Muttersprache oder Fremdsprache ist – das Ringen urn seine Aneignung ist ein lebenslanges Bemühen: „Ich beherrsche zwar die deutsche Sprache, aber sie gehorcht nicht immer."

Ihnen wünsche ich ein besseres Gelingen, dem 13. Weltkongress der Internationalen Vereinigung für Germanistik einen guten Ablauf und vollen Erfolg, allen Teilnehmerinnen und Teilnehmern anregende Diskussionen, interessante Begegnungen und einen schönen Aufenthalt in China!

SHI Mingde

Märkisches Ufer 54, 10179 Berlin Telefon 030-27588215 Telefax 030-27588409

Prof. Dr. Pei Gang

3. Begrüßung durch den Präsidenten der Tongji-Universität

Sehr geehrte Mitglieder der Internationalen Vereinigung für Germanistik,
sehr geehrte Gäste, meine Damen und Herren,

erlauben Sie mir als Vertreter der Tongji-Universität, aber auch in meinem eigenen Namen Ihnen meine herzlichen Glückwünsche anlässlich der Eröffnung des XIII. Kongresses der Internationalen Vereinigung für Germanistik auszusprechen. Ich heiße Sie alle – das sind über 1200 Germanisten aus 69 Ländern und Regionen der Welt – herzlich willkommen.

Die heutige Tongji-Universität geht bekanntlich auf die 1907 von dem deutschen Arzt Erich Paulun gegründete Deutsche Medizinschule zurück, die im Folgejahr den Namen „Tung-Chi [Tongji] Deutsche Medizinschule" erhielt. Der Namensbestandteil „Tongji" stellt eine phonetische Übertragung des Wortes „Deutsch" im Shanghaier Dialekt dar. Gleichzeitig verweist „Tongji" auf die Redewendung „im selben Boot den Fluss überqueren", also „im selben Boot sitzen". 1927 wurde unsere Schule dann – als eine der sieben ersten staatlichen Universitäten Chinas – in „Nationale Tongji-Universität" umbenannt.

Im Zuge der Reform- und Öffnungspolitik seit dem Jahr 1978 nahm unsere Hochschule ihre Kontakte mit Deutschland wieder auf und hat sich in der Folge zu einer international ausgerichteten, multidisziplinären Universität gewandelt. Heute, nach einer Geschichte von 108 Jahren, hat sich die Tongji-Universität zu einer Universität mit einem unverwechselbaren Profil und internationalen Einfluss entwickelt. Mit ihrem Fächerspektrum von den Natur- und Ingenieurwissenschaften bis hin zu Medizin und Geisteswissenschaften ist sie breit aufgestellt und auf Forschung und internationale Kooperation ausgerichtet. Im Jahre 2013 hat unsere Hochschule das Ziel formuliert, „sich unter der Leitidee einer nachhaltigen Entwicklung als internationale Spitzenuniversität zu etablieren".

Mit Nachdruck betreibt unsere Hochschule den Ausbau ihrer internationalen Kooperationen. Auf der Grundlage unserer Zusammenarbeit mit Deutschland haben wir unsere Kooperationen, die schwerpunktmäßig in Europa angesiedelt sind, immer weiter ausgedehnt: Nach Nordamerika, aber auch nach Asien und Afrika. Dabei haben wir acht Institute gegründet, die eine Plattform für die internationale Zusammenarbeit bieten: mit Deutschland, mit Frankreich, mit Italien, mit Finnland, mit Spanien und mit den Vereinten Nationen. Mit über 200 ausländischen Hochschulen haben wir Kooperationsabkommen unterzeichnet und gemeinsam mit vielen multinationalen Konzernen wie Volkswagen, Siemens, Bayer und IBM Forschungszentren geschaffen.

Unsere Kontakte mit Deutschland sind besonders ausgeprägt. Im Laufe von über dreißig Jahren haben wir enge Kooperationsbeziehungen mit mehr als dreißig deutschen Hochschulen aufgenommen und einen regen persönlichen Austausch auf hochrangiger Ebene gepflegt. Neben dem Deutsch-Kolleg, das Ende der 70er Jahre gemeinsam von chinesischer und deutscher Seite ins Leben gerufen wurde, sind seit den 90er Jahren mit Unterstützung der chinesischen und der deutschen Regierung das Chinesisch-Deutsche Institut für Berufsbildung, das Chinesisch-Deutsche Hochschulkolleg und die Chinesisch-Deutsche Hochschule für Angewandte Wissenschaften gegründet worden. Der Austausch und die Kooperation mit Deutschland erstrecken sich auf nahezu alle unsere Fächer und Bereiche.

Im Oktober 2014 haben die chinesische und die deutsche Regierung in Berlin den „Aktionsrahmen für die deutsch-chinesische Zusammenarbeit" bekanntgegeben. Darin heißt es: „Besonderes Augenmerk soll zudem auf den Aufbau von nachhaltigen Kooperationen zwischen Hochschulen gesetzt werden. Die Deutsch-Chinesische Hochschule an der Tongji-Universität in Shanghai mit ihren drei Teileinrichtungen (Hochschulkolleg, Hochschule für angewandte Wissenschaften und Institut für Berufsbildung) kann als Erfolgsbeispiel für die gemeinsame Umsetzung einer engen Hochschulzusammenarbeit beider Länder gelten." Daraus lässt sich ersehen, welch bedeutende Rolle die Tongji-Universität im Bereich der bildungs- und kulturpolitischen Zusammenarbeit zwischen China und Deutschland spielt.

Verehrte Gäste! Seit vielen Jahren genießen die germanistische Forschung und Lehre und die Deutschland-Studien der Tongji-Universität im In- und Ausland einen guten Ruf. Deshalb ist es nur folgerichtig, dass hier der XIII. Kongress der Internationalen Vereinigung für Germanistik veranstaltet wird. Wir werden alles in unseren Kräften Stehende tun, um mit unserer umfassenden Unterstützung zum Erfolg der Tagung beizutragen.

In der guten Woche, die vor Ihnen liegt, werden Sie, verehrte Gäste, sich über alle Bereiche der Germanistik intensiv austauschen und lebhaft miteinander diskutieren; Sie werden voneinander lernen und profitieren und Ihre Forschung gemeinsam vorantreiben. Ich bin überzeugt: Dank der gewissenhaften Arbeit des Organisationskomitees und dank des Engagements und der Anstrengungen aller Beteiligten wird diese Tagung der Internationalen Vereinigung für Germanistik ein voller Erfolg werden. Dieser Kongress wird, so hoffe ich, die germanistische Forschung und Lehre und die Deutschland-Studien an der Tongji-Universität auf eine neue, noch höhere Stufe heben.

Zu guter Letzt wünsche ich der Tagung allen Erfolg! Ihnen allen wünsche ich eine schöne und unvergessliche Zeit an der Tongji-Universität und in Shanghai!

Vielen Dank für Ihre Aufmerksamkeit!

Übersetzung: Marc Hermann

Prof. Dr. Pei Gang

Begrüßung durch den Präsidenten der Tongji-Universität (chinesisches Original)

裴刚校长在 IVG 2015 开幕式上的讲话

尊敬的国际日耳曼学会会员们，
尊敬的各位来宾，女士们，先生们://

首先，请允许我代表同济大学，并以我个人的名义对第 13 届国际日耳曼学世界大会的召开表示热烈的祝贺！向来自世界 69 个国家和地区的 1200 多位日耳曼学者表示衷心的欢迎和诚挚的问候!//

众所周知，同济大学的前身是 1907 年德国医生埃里希•宝隆在上海创办的德文医学堂，翌年改名同济德文医学堂。校名中“同济”取自德语单词“德文”（Deutsch）上海话的音译，意为“同舟共济”。 1927 年成为国立同济大学，是中国最早的七所国立大学之一。//

随着 1978 年改革开放政策的实施，学校恢复了对德交流，开始向国际性和多科性大学转变。经过 108 年的发展历程，如今同济大学已发展成为一所特色鲜明、具有国际影响力的理、工、文、医等学科均衡发展的综合型、研究型、国际化大学。2013 年，学校提出”建设以可持续发展为导向的世界一流大学”的目标愿景。//

学校积极拓展国际合作，在对德为主的合作基础上，发展为以对欧洲合作为中心，拓展北美、辐射亚非的布局，先后建立了中德、中法、中意、中芬、中西、联合国等 8 个国际化合作平台学院，与 200 多所海外高校签订合作协议，与大众、西门子、拜耳和 IBM 等众多跨国企业共建了研究中心。//

对德交流尤其令人瞩目。经过三十多年的发展，我校与德国 30 多所高等院校建立了密切的校际合作关系，高层人员往来频繁。除了七十年代末中德双方联合建立的留德预备部以外，从九十年代起，中德两国政府先后支持成立了中德职教学院、中德学院和中德工程学院，对德交流与合作涵盖全校几乎所有学科领域。//

2014 年 10 月中德两国政府在柏林发表《中德合作行动纲要》，其中写道：“双方应尤其重视建立高校间的可持续合作关系。上海同济大学中德学部（下辖中德学院、中德工程学院和职教学院三个机构）是共同落实高

校紧密合作的成功典范。” 由此可见，同济大学在中德教育和文化合作领域起着十分重要的作用。//

各位嘉宾！多年来，同济的德语教学、科研和德国研究水平，在海内外久享盛誉。因此，在同济大学举办第 13 届国际日耳曼学世界大会，实属名至实归。我们将尽一切力量为会议的成功举办提供全方位的支持和服务。//

在座的各位在接下来一周左右的时间里将对日耳曼学各个领域展开热烈的讨论和交流，并从中相互学习、相互借鉴，共同发展。我相信，在组委会的精心组织下，在各位的积极参与和共同努力下，本届日耳曼学世界大会将是一届十分精彩的会议。我希望通过本次会议，使同济大学的日耳曼学教学、科研以及对德研究的水平能上一个新台阶！ //

最后，预祝大会圆满、成功！并祝各位在上海和同济大学度过一段愉快而难忘的时光！

谢谢大家！

4. Ansprachen der geladenen Ehrengäste

Jörn Beißert

4.1. Der amtierende Generalkonsul der Bundesrepublik Deutschland in Shanghai

Sehr geehrter Professor Pei,
sehr geehrter Professor Zhu,
sehr geehrter Professor Schwarz, Professorin Wintermantel und Dr. Gross,
verehrte Kollegen der diplomatischen und konsularischen Vertretungen,
liebe Kongressteilnehmer,

als Vertreter der deutschen Bundesregierung freue ich mich sehr, Sie in Shanghai zum XIII. Kongress der Internationalen Vereinigung für Germanistik begrüßen zu können.

Es dürfte nicht überraschend sein. Für Deutschland ist die Germanistik und vor allen Dingen auch die internationale Germanistik von allergrößter Bedeutung. Ganz einfach gesagt beschäftigt sich die Germanistik mit so einfachen, aber überaus wichtigen Fragen wie

- Wer sind wir?
- Woher kommen wir?
- Wohin gehen wir?

In der globalisierten Welt von heute ist es aber auch für uns überaus wichtig und geradezu von existenzieller Bedeutung, dass die anderen – seien es unsere Nachbarn in Europa oder wichtige Wirtschaftspartner auf anderen Kontinenten – uns kennen, verstehen und vielleicht auch ein wenig schätzen. Die internationale Germanistik leistet hier unschätzbare Dienste.

Lassen Sie mich in diesem Zusammenhang auch auf die herausragende Bedeutung der Germanistik als Förderer von Deutsch als Fremdsprache hinweisen. Das Studium der deutschen Sprache öffnet die Fenster zu Deutschland und den anderen deutschsprachigen Ländern, zu ihrer Kultur, zur Wissenschaft. Es gewinnt für uns Partner in Politik und Wirtschaft.

Deutsch als Fremdsprache öffnet Menschen die Fenster zu Deutschland, zur deutschen Kultur, zur Wissenschaft in Deutschland. Wir wollen damit Partner gewinnen für unsere Politik und unsere Wirtschaft. Was könnte es Wichtigeres geben?

Ich möchte Ihnen, liebe Mitglieder des IVG, zu Ihrer Weitsicht gratulieren. Vor fünf Jahren in Warschau haben Sie die Entscheidung getroffen, Professor Zhu Jianhua zum Präsidenten des 13. Weltkongresses zu wählen und so diese Konferenz nach Shanghai an die Tongji-Universität geholt.

Ihnen, lieber Professor Zhu, und Ihrem Organisationsteam möchte ich Ihnen meine Glückwünsche aussprechen, dass es Ihnen in guter – sowohl chinesischer als auch deutscher – Tradition gelungen ist, einen hervorragenden und vielfältigen Kongress zu organisieren. Ich weiß, dass dies mit viel harter Arbeit verbunden war. Dafür möchte ich Ihnen auch im Namen der Bundesregierung sehr herzlich danken.

Lassen Sie mich ein paar Worte zu diesem Ort, zur Tongji-Universität sagen:

„An der Tongji-Universität wird Deutsch gesprochen." Diese Aussage stimmt nicht nur in dieser Woche. Der Pflege der deutschen Sprache und der deutschen Kultur und Wissenschaft an diesem Ort kommt traditionell eine ganz besondere Bedeutung zu. Wie von meinen Vorrednern bereits erwähnt, liegt dies in der Entstehungsgeschichte der Universität begründet, ein Prozess der schon seit über 100 Jahren bereits von meinen Vorgängern am deutschen Generalkonsulat in Shanghai konkret gefördert wurde. Geschaffen wurde ein für die deutschen Wissenschaftsbeziehungen mit dem Ausland weltweit einmaliger Ort.

Ich freue mich, dass die deutsche Sprache und Deutsches in dieser Stadt viel Anerkennung, Zuneigung und Freundschaft finden. Das ist auch und vor allem ein Verdienst der Germanistik, die in dieser Stadt betrieben wird, nicht nur an der Tongji-Universität, sondern einer Vielzahl anderer Hochschulen.

Lassen Sie mich noch einmal Prof. Zhu und seinen Kollegen viel Erfolg und gutes Gelingen wünschen. Ihnen, den Teilnehmern aus aller Welt, wünsche ich neue, gewinnbringende und zukunftsweisende Einblicke in die Forschung und die Lehrmethodik der Germanistik.

Vielen Dank!

Anna Mattei

4.2. Die amtierende Generalkonsulin der Schweizerischen Eidgenossenschaft in Shanghai

Sehr geehrter Herr Botschafter,
sehr geehrte Kolleginnen und Kollegen des Konsularischen Corps,
sehr geehrte Vertreterinnen und Vertreter der IVG und der Tongji-Universität,
sehr geehrte Germanistinnen und Germanisten!

Es ist mir eine große Ehre, Sie alle im Namen des Schweizerischen Generalkonsulats am 13. IVG-Kongress in Shanghai willkommen zu heissen. Ganz besonders begrüßen möchte ich an dieser Stelle auch die zahlreichen aus der Schweiz angereisten Germanistinnen und Germanisten.

In der Schweiz als mehrsprachigem und multikulturellem Land kommt der deutschen Sprache eine besondere Bedeutung zu. Nicht nur ist Deutsch – nebst Französisch, Italienisch und Rätoromanisch – eine der vier offiziellen Landessprachen, sondern es ist zugleich auch die meistgesprochene Sprache in unserem Land. Eine Besonderheit stellt dabei der Unterschied zwischen der deutschen Standardsprache und dem in der Schweiz gesprochenen Schweizerdeutsch dar. Während die Schweizerinnen und Schweizer im täglichen Sprachgebrauch den schweizerischen Dialekt verwenden, so kommt die deutsche Standardsprache in Schulen, Universitäten, Literatur, Verwaltung, Politik und Presse zur Anwendung. Erstaunlich ist dabei auch, dass das Schweizerdeutsch eine Vielzahl an regionalen und kantonalen Varietäten kennt, die zwar alle untereinander kompatibel sind, aber maßgeblich zur Identität und Verwurzelung der jeweiligen Gemeinschaft beitragen.

Nebst der sprachlichen und kulturellen Vielfältigkeit der Schweiz ist unser Land auch ein Ort der Forschung und der Lehre. Seit Entstehung erster akademischer Zentren im Mittelalter ist gerade auch das Studium und die Entwicklung der deutschen Sprache in Wissenschaft, Literatur und Philosophie ein wichtiges Feld akademischer Tätigkeit in der Schweiz.

Sowohl Facettenreichtum und Varietäten als auch Studium und Forschung – in der Schweiz und weltweit – sind eindrückliche Zeugnisse der Vitalität und Aktualität der deutschen Sprache. Die Gemeinschaft der Germanistinnen und Germanisten ist aktiv und dynamisch, was sich exemplarisch an diesem Kongress zeigt. Expertinnen und Experten für deutsche Sprache kommen hier zusammen, um im gegenseitigen Austausch diese Vitalität des Deutschen weiter zu stärken und die Sprache weiterzuentwickeln.

Für diesen wertvollen Beitrag zur Förderung der deutschen Sprache möchte ich der Internationalen Vereinigung für Germanistik an dieser Stelle herzlich gratulieren. Auch danke ich den Organisatoren der IVG und der Tongji-Universität sowie allen Helferinnen und Unterstützer für die Planung und Durchführung dieses Kongresses.

Zu guter Letzt möchte ich die Gelegenheit nutzen, Sie hiermit auf den Schweizer Kulturabend am Freitag, 28. August, aufmerksam zu machen. Der lange Jahre in der Schweiz wohnhafte und dort ausgebildete chinesische Gitarrist Fan Ye und der ursprünglich aus Rumänien stammende Schweizer Schriftsteller und Buchpreisträger Catalin Dorian Florescu werden Ihnen ein Stück multikulturelle Schweiz näherbringen und unser Land in seiner ganzen Vielfalt präsentieren. Ich hoffe, Sie diesen Freitag ab 19 Uhr zahlreich im Yifu-Gebäude der Tongji-Universität begrüßen zu dürfen.

In diesem Sinne wünsche ich allen Kongressteilnehmenden interessante und inspirierende Tage ganz im Zeichen der deutschen Sprache und des persönlichen kulturellen Austausches.

Besten Dank!

Luc Decker

4.3. Der Generalkonsul des Großherzogtums Luxemburg in Shanghai

Sehr geehrte Ehrengäste,
meine sehr geehrten Damen und Herren,

Sie haben gerade, sage und schreibe, zehn Ansprachen zugehört! Als Vertreter des kleinsten Landes hier an dieser Tribüne werde ich auch versuchen, die kürzeste Ansprache zu halten.

Einzelne von Ihnen werden sich fragen: Wieso ist Luxemburg überhaupt vertreten? Die sprechen doch Französisch! Oder eine andere, bizarre Geheimsprache… Lëtzebuergesch. Sie haben alle Recht! Es gibt tatsächlich drei offizielle Sprachen in Luxemburg: Die Gesetze sind auf Französisch, unter uns sprechen wir Luxemburgisch und wir lesen Zeitungen und schauen auf Deutsch fern. Im jungen Alter wird an der Schule nicht nur Deutsch, sondern auch *auf Deutsch* unterrichtet… Und unsere Uni ist sehr aktiv in der Germanistik, und sie ist selbstverständlich hier auch gut vertreten.

Akademisch gehört Luxemburgistik auch zur Germanistik. Und es ist sicherlich kein uninteressantes Fach, da Luxemburgisch eine sehr junge Sprache ist. Ich selber habe an der Schule kaum Luxemburgisch gelernt, und Luxemburger über 30 schreiben ihre eigene Sprache meistens wie es ihnen gerade einfällt. Dadurch findet man auf dem Mini-Territorium des Großherzogtums unterschiedliche Sprachweisen zwischen dem Süden und dem Norden, zwischen dem Osten und dem Zentrum … Ja, im Norden kann man sogar manchmal heraushören von welchem Dorf ein Luxemburger kommt!

Diese Unterschiede sind dabei zu verschwinden, da Luxemburgisch jetzt systematischer an der Schule unterrichtet wird, und Ausländer, die die Staatsangehörigkeit erwerben wollen, auch fleißig das „Hochluxemburgisch“ lernen.

Meine Damen und Herren,

es ist mir eine Freude wie auch eine Ehre, dass Luxemburg dieses Jahr beim Weltkongress für Germanistik zum ersten Mal mit einem Luxemburger Kulturabend auf der Weltkarte der Germanistik gelandet ist. Am Samstagabend werden wir einen Kurzfilm auf Luxemburgisch zeigen … mit deutschen Untertiteln!

Ich danke Ihnen alle für Ihre Ausdauer im Zuhören und wünsche Ihnen einen exzellenten Kongress! Vielen Dank!

Prof. Dr. Margret Wintermantel

4.4. Die Präsidentin des DAAD

Sehr geehrter Herr Präsident Pei,
sehr geehrter Herr Professor Zhu,
sehr geehrte Damen und Herren Ehrengäste,
meine sehr verehrten Damen und Herren, liebe Kolleginnen und Kollegen,

ich freue mich sehr, Sie auch im Namen des DAAD zu diesem Weltkongress der Internationalen Vereinigung für Germanistik begrüßen zu dürfen. Meine besondere Hochachtung gilt, dies sei gleich eingangs gesagt, Ihnen, lieber Professor Zhu Jianhua, und Ihrem Team, die gemeinsam die unglaubliche Aufgabe gemeistert haben, diesen Kongress mit mehr als 1.000 Teilnehmern vorzubereiten und sowohl inhaltlich als auch organisatorisch zu gestalten.

Ihnen und der gesamten IVG gilt auch der Dank des DAAD dafür, dass Sie in nunmehr sechzigjähriger Tradition dem internationalen Austausch im Fach Germanistik eine Plattform geboten haben und immer noch bieten. Als Internationalisierungsagentur der deutschen Hochschulen ist der DAAD mit dafür verantwortlich, Germanistik und Deutsche Sprache an Hochschulen weltweit zu fördern. Ohne die Zusammenarbeit mit nationalen wie internationalen Germanistenverbänden, mit Hochschulen und Mittlerorganisationen wie der Alexander von Humboldt-Stiftung und dem Goethe-Institut wäre diese Aufgabe kaum zu erfüllen. Daher freue ich mich besonders, auch die Kolleginnen und Kollegen der uns befreundeten Institutionen hier begrüßen zu dürfen. Unsere Zusammenarbeit möchten wir besonders dadurch zum Ausdruck bringen, dass wir für Dienstag gemeinsam zum „Deutschen Tag" einladen – ich freue mich darauf, viele von Ihnen dort wiederzusehen.

Das Thema des diesjährigen Kongresses, „Germanistik zwischen Tradition und Innovation", spiegelt die Lage des Fachs. Mehr als vielleicht je in ihrem ca. 200jährigen Bestehen als akademischer Disziplin steht die Germanistik in einem Spannungsfeld zwischen traditionell-bewahrenden und innovativ-verändernden Tendenzen, aber vielleicht auch zwischen dem eigenen Anspruch an exzellente geisteswissenschaftliche Forschung und dem Interesse einer zunehmenden Zahl an Deutschlernenden nach anwendungsbezogenen Sprachkenntnissen.

Wahrscheinlich ist es kein Zufall, dass angesichts dieser Herausforderungen der 13. Kongress der IVG ausgerechnet in China und an der Tongji-Universität stattfindet. Die Gründung der Tongji-Universität 1907 markiert in gewisser Weise auch den Beginn der akademischen Kooperation zwischen China und Deutschland, der bereits sehr früh mit einer sprachlichen Komponente verbunden war. Dies stellt, verglichen zum Beispiel mit anderen europäischen Ländern, keine besonders lange Tradition des Deutschlernens dar. Umso bemerkenswerter sind die Intensität und Schnelligkeit, mit denen sich universitäre und sprachliche Zusammenarbeit entwickelt haben. Der Tongji-Universität gilt an dieser Stelle mein besonderer Dank für die Gastfreundschaft, mit der Sie diese wichtige Konferenz ausrichten und mit der Sie die Tradition der Zusammenarbeit mit Deutschland in großartiger Weise fortsetzen.

Die ersten Lektoren des DAAD sind erst in den 1980er Jahren, rund zwanzig Jahre nach der Etablierung unseres Lektorenprogramms, nach China ausgereist. Manche von ihnen befinden sich vielleicht hier im Publikum, Ihnen gilt an dieser Stelle mein besonderer Gruß. Sehr herzlich begrüßen möchte ich aber auch die aktuell vom DAAD geförderten Lektoren in China, die zahlreich hier erschienen sind.

Dass wir inzwischen 28 Lektorate an chinesischen Hochschulen fördern und China damit weit im oberen Bereich liegt, was Zahl und Dichte der Lektorate angeht, zeigt, wie rasant sich seitdem die akademische Zusammenarbeit zwischen China und Deutschland entwickelt hat. China ist zu einem der wichtigsten Partner im Bereich der Hochschulkooperationen geworden, und innerhalb Chinas ist die Tongji-Universität eine der führenden in der akademischen Kooperation mit Deutschland.

Es zeigt aber auch, dass das Fach Germanistik sich weiterentwickelt. Es erschließt sich nicht nur in den vieldiskutierten geisteswissenschaftlichen „turns" neue Perspektiven, sondern auch geographisch neue Räume und damit neue Aufgabengebiete. Von entscheidender Bedeutung für die Zukunft ist sicher die Hinwendung zu anwendungsbezogenen Themen – nicht im Sinne einer Abwendung von etablierten Forschungsfeldern und -methoden, sondern im Sinne einer Bereicherung um neue Aufgabenfelder in Lehre und Forschung. Innovation entspringt nicht zuletzt aus dem Mut, bekannte Dinge aus einer neuen Perspektive zu betrachten. Die Internationalisierung der Germanistik erzwingt diesen Perspektivwechsel geradezu, indem sie immer neue Sichtweisen auf das Fach und seine Gegenstände aufnimmt und in die wissenschaftliche Arbeit einbezieht. Den Beitrag dieses Kongresses und der IVG hierzu kann man kaum hoch genug veranschlagen.

Dass die Philologien und – aus Sicht des DAAD als deutscher Institution – insbesondere die Germanistik einen wesentlichen Beitrag zur Internationalisierung der Hochschulen und Hochschulsysteme leisten, indem sie die sprachliche Basis für wissenschaftlichen Austausch überhaupt erst herstellen, brauche ich in diesem Kreis wohl kaum zu betonen. Dennoch kann man Ihre Rolle als Brückenbauer nicht genug hervorheben. Indem Sie alle die deutsche Sprache, Literatur und Kultur immer wieder wissenschaftlich, kritisch, aber auch freundlich betrachten, bauen Sie Brücken zwischen Menschen, zwischen Kulturen, und – nicht zuletzt – auch zwischen Tradition und Innovation. Wenn auf diesem Kongress ein Stück deutlicher wird, dass die Germanistik nicht hin- und hergerissen zwischen Tradition und Innovation steht, sondern als verbindende Brücke zwischen diesen Polen, sind wir, denke ich, schon einen großen Schritt weiter.

In diesem Sinne wünsche ich Ihnen allen sehr viel Erfolg und anregende Diskussionen für den 13. Weltkongress der Internationalen Vereinigung für Germanistik.

Dr. Bruno Gross

4.5. Der Vorstand des Goethe-Instituts

Sehr geehrte Damen und Herren,

es ist mir eine große Freude und Ehre, heute zu Ihnen sprechen zu dürfen.

Das Goethe-Institut und der IVG Kongress sind der gleiche Jahrgang! Beide wurden im Jahr 1951 gegründet. Damit sind sie eigentlich nicht mehr die Jüngsten, sondern schon fast im Rentenalter. Wer sich jedoch näher mit dem IVG oder dem Goethe-Institut befasst, der wird schnell feststellen: Hier gibt es Dynamik, frische Ideen und kontroverse Diskussionen. Insofern bin ich sehr gespannt auf die folgenden Tage.

Mein herzlicher Dank geht an dieser Stelle an das Präsidium der IVG für die Einladung zu dieser wichtigen Veranstaltung sowie an die Tongji-Universität für die große Gastfreundschaft.

Das Goethe-Institut ist mit 159 Instituten in über 90 Ländern vertreten. Unsere Aufgaben sind die Förderung der Kenntnis deutscher Sprache im Ausland, die Pflege der internationalen kulturellen Zusammenarbeit und die Vermittlung eines aktuellen Deutschlandbildes. Über eine halbe Million Menschen pro Jahr lernen in einem Sprachkurs des Goethe-Instituts Deutsch oder legen eine Prüfung ab.

Das ist eine beachtliche Zahl. Noch mehr Menschen lernen Deutsch in der Schule und der Hochschule. Laut der jüngsten Umfrage des Netzwerks Deutsch gibt es gegenwärtig weltweit über 15 Mio. Deutschlerner.

Sah es vor fünf Jahren noch so aus, als wenn die Zahl der Deutschlerner mittelfristig zurückgeht, so steigt sie momentan wieder. Die Umfrage hat ergeben, dass in 60 % der ausgewerteten Länder die Zahl der Deutschlerner zunimmt. Das trifft insbesondere auf Indien, Brasilien, Ägypten, aber auch China zu.

Im Wesentlichen wird Deutsch in China an Hochschulen gelernt. In den letzten Jahren ist aber auch der Deutschunterricht an den Schulen stark ausgebaut worden. An den chinesischen Mittelschulen ist Deutsch mit steigender Tendenz die am meisten gelernte europäische Fremdsprache, abgesehen von Englisch. 2012 kündigte das chinesische Erziehungsministerium an, Deutsch als Unterrichtsfach an bis zu 200 Schulen neu einführen zu wollen. Unsere Goethe-Institute in China sind bereit, dieses Vorhaben tatkräftig zu unterstützen.

2013 unterzeichnete das Goethe-Institut mit dem Vizeminister des chinesischen Bildungsministeriums ein Memorandum zur Zusammenarbeit im Bildungsbereich. Dies ist eine hervorragende Chance, um insbesondere die Qualifikation von Deutschlehrkräften und den Ausbau von Deutsch als Unterrichtsfach an Mittelschulen weiter zu stärken.

Weltweit lernen 13 Millionen Schülerinnen und Schüler an rund 95 000 Schulen Deutsch. Das Goethe-Institut arbeitet mit dem Großteil dieser Schulen zusammen, es berät im Hinblick auf die Curricula, unterstützt beim Aufbau von Multiplikatoren-Netzwerken und bietet Lehrerqualifikation an. Wir sind an den Schulen aber auch durch eine bunte Mischung von Aktionen, mit denen für Deutsch als Fremdsprache geworben wird, präsent. Das können beispielsweise Deutsch-Wettbewerbe, Ausstellungen, Lesungen und Musiktourneen sein. Einige von Ihnen haben sicher schon mal ein Deutschmobil gesehen, das Schulen ansteuert.

Eine der wichtigsten Motivation für Schülerinnen und Schüler, das Fach Deutsch in der Schule zu wählen, ist noch immer eine engagierte Lehrkraft, der es gelingt, die Schülerinnen und Schüler für die deutsche Sprache zu begeistern. Unser Ziel ist es, Lehrerinnen und Lehrer darin zu unterstützen, hochwertigen, praxisnahen und lebendigen Deutschunterricht zu geben, der neugierig auf Deutschland und seine Sprache macht!

Die Qualifikation von Deutschlehrkräften ist eine Kernaufgabe des Goethe-Instituts. Seit mehr als 60 Jahren setzt das Goethe-Institut Standards in der Vermittlung von Deutsch als Fremdsprache (DaF) und ist weltweit der führende Anbieter von Fortbildungen für Deutschlehrende. Dabei arbeiten wir eng mit den nationalen Deutschlehrerverbänden zusammen. Kooperationen bestehen mit Lehrerfortbildungsinstitutionen und Hochschulen in unseren Gastländern, Deutschlehrende nehmen Fortbildungsangebote der Goethe-Institute wahr und tauschen sich auf Deutschlehrertagen aus. Darüber hinaus vergibt das Goethe-Institut jedes Jahr weltweit ca. 2000 Stipendien für Deutschlehrende, die in Deutschland mit Kolleginnen und Kollegen aus aller Welt ihre Kenntnisse in Methodik und Didaktik auffrischen, Deutschland kennenlernen und teilweise auch ihre Kenntnisse der deutschen Sprache verbessern.

Wir bieten jedoch auch verstärkt Online-Fortbildungen an. Dies hilft, gerade in großen Flächenländern wie China die Reichweite unserer Angebote zu erhöhen. Wir reagieren damit auf die Herausforderungen der zunehmenden Digitalisierung unserer Welt, die auch vor den Klassenzimmern nicht Halt macht. Gerade für Lehrer ist es wichtig, die neuen digitalen Möglichkeiten zu kennen, um die Chancen, die sich im Hinblick auf einen interessanten Unterricht bieten, nutzen zu können.

Ich freue mich, dass dem Goethe-Institut auf dem diesjährigen Weltkongress des IVG die Ausrichtung einer Sektion zur Sprachdidaktik und Sprachvermittlung übertragen wurde. Dies betrachten wir als Bestätigung unserer Arbeit auf dem Gebiet der Deutschlehrerqualifizierung in den vergangenen Jahren. Unser Dank gilt in diesem Zusammenhang dem Auswärtigen Amt der Bundesrepublik Deutschland, das mit Sondermitteln die Tagungsteilnahme von vielen der Vortragenden in unserer Sektion unterstützt und ein umfangreiches kulturelles Begleitprogramm zum Kongress ermöglicht.

Jetzt habe ich viel über Deutsch in der Schule gesprochen. Lassen Sie mich noch kurz auf Deutsch als Wissenschaftssprache eingehen, ein Thema, dass insbesondere im Hinblick auf den deutsch-chinesischen Austausch von großer Wichtigkeit ist. Denn aus keinem anderen Land kommen mehr Studierende an deutsche Hochschulen als aus China.

Im vergangenen Jahr hat sich das Goethe-Institut stark mit dem Thema „Deutsch als Wissenschaftssprache" befasst. Auslöser hierfür war die Beobachtung, dass Deutsch in der akademischen Lehre teilweise vernachlässigt wird.

Deutsche Hochschulen streben stark nach einer Internationalisierung. Sie möchten so aufgestellt sein, dass sie für die besten internationalen Studierenden interessant sind. Im Zuge der Internationalisierung wurde in vielen Fächern vermehrt dazu übergegangen, vornehmlich oder sogar ausschließlich in englischer Sprache zu unterrichten und zu publizieren.

Zunehmend werden rein englischsprachige Studiengänge angeboten. Unbestritten ist Englisch inzwischen die globale *lingua franca* und damit eine sehr gute Möglichkeit, sich international zu verständigen. Deutschland braucht den internationalen wissenschaftlichen Austausch, den Fachkräftezuzug ebenso wie die Studierenden ausländischer Herkunft.

Eine Lehre nur auf Englisch von Nicht-Muttersprachlern birgt jedoch Gefahren: Im Bereich der Wissenschaften fungiert Sprache als ein hochentwickeltes semantisches System, ist Sprache immer auch eine kognitive Technik und ein Instrument der Welterfassung. Jede Sprache erlaubt aufgrund der ihr eigenen Struktur einen jeweils anderen, einzigartigen Zugang zum Forschungsgegenstand und erweitert damit den Reflexionsraum.

Für die Wissenschaft wäre es somit verheerend, wenn sie sich nur in einer Sprache weiterentwickeln könnte und wenn Wissenschaftler und andere kreative Köpfe nicht mehr in ihrer Muttersprache, sondern ausschließlich auf Englisch arbeiten würden. Interessant in diesem Zusammenhang ist das Statement des Automobilunternehmens Porsche: „Ingenieure haben die besten Einfälle, wenn sie sich bei deren Artikulation der Muttersprache bedienen."

Das Beherrschen der deutschen Sprache ist für ausländische Studierende natürlich nicht nur im universitären Kontext wichtig, sondern auch für den Alltag in Deutschland. Sich beim Bäcker, in der Bibliothek, im Sportverein und beim Kneipenbummel sprachlich sicher, selbstbewusst und mit Freude an der Sprache zu bewegen, ist Lebensqualität. Und wer nach dem Studium in Deutschland arbeiten möchte, braucht zumeist ebenfalls sehr gut deutsche Sprachkenntnisse.

Damit bewegen wir uns in einem Spannungsbogen: Für den internationalen wissenschaftlichen Austausch und innerdisziplinären Fachdiskurse ist Englisch wichtig, Deutsch hat in Wissenschaft und Forschung aber auch wichtige Funktionen, so dass es sich lohnt, sich für Deutsch in der akademischen Lehre einzusetzen. Welche Rolle soll die deutsche Sprache in der Wissenschaft künftig spielen? Das ist eine kulturpolitische Grundsatzfrage.

Im vergangenen Jahr hat sich das Goethe-Institut zusammen mit Partnern intensiv mit dieser Frage und anderen aktuellen Fragen zur deutschen Sprache auseinandergesetzt. Unter dem Titel „Deutsch 3.0" haben wir in Zusammenarbeit mit dem Duden, dem Institut für Deutsche Sprache und dem Stifterverband für die deutsche Wissenschaft und weiteren Partnern über die Zukunft der deutschen Sprache debattiert. In über 40 Veranstaltungen an verschiedenen Orten im In- und Ausland konnte der Besucher sehr viel Wissenswertes über die deutsche Sprache erfahren und mitdiskutieren.

Nicht nur die Bedeutung von Deutsch als Wissenschaftssprache wurde thematisiert. Auch die Entwicklung von Dialekten und Regiolekten, die Rolle des Deutschen in der Wirtschaft, der Stand der Germanistik im Ausland und vieles Weitere wurde mit führenden Partnern aus Wissenschaft, Bildung, Wirtschaft und Politik diskutiert. Entstanden ist eine vielschichtige Momentaufnahme zur deutschen Sprache, die Sie online einsehen können.

Auch in Zukunft werden wir die Diskussion und Reflektion über die Zukunft der deutschen Sprache fortsetzen. Im Dezember wird es eine Veranstaltung dazu geben, wie die deutsche Sprache in der wissenschaftlichen Lehre gestärkt werden kann. Ein sehr aktuelles Thema, über das zurzeit kontrovers diskutiert wird und das sicherlich auch zu dem diesjährigen Schwerpunkt des IVG Kongresses „Germanistik zwischen Tradition und Innovation" passt.

Ich wünsche Ihnen in dem kommenden Tagen viele interessante Begegnungen und Erkenntnisse und einen erfolgreichen Verlauf des Kongresses. Herzlichen Dank!

LIU Yuelian

4.6. Die Präsidentin des Chinesischen Germanistenverbandes

Sehr verehrte Kolleginnen und Kollegen,
meine Damen und Herren,

im Namen des Chinesischen Germanistenverbandes darf auch ich Sie zum XIII. Kongress der Internationalen Vereinigung für Germanistik herzlich willkommen heißen. Es ist das erste Mal in der Geschichte der chinesischen Germanistik, dass sie eine wissenschaftliche Konferenz mit 1.200 Teilnehmerinnen und Teilnehmern aus 69 Ländern bzw. Regionen abhält. Und die Tatsache, dass die Internationale Vereinigung für Germanistik ihren XIII. Kongress in China veranstaltet, darf, so möchte ich glauben, als eine schöne Anerkennung der Leistungen der chinesischen Germanistik verstanden werden.

Mit dem Thema „Germanistik zwischen Tradition und Innovation“ bietet uns der Kongress eine hervorragende Gelegenheit, an den kommenden Tagen in verschiedenen Panels einen Rückblick auf die Entwicklung der Germanistik sowohl in China als auch in anderen Ländern zu werfen und zugleich in die Zukunft zu blicken.

Die chinesische Germanistik hat klein angefangen. So gab es in den 1950er Jahren landesweit gerade einmal 7 Deutschabteilungen. Doch die chinesische Germanistik wuchs und nahm in den ersten Jahren des 21. Jahrhunderts eine so rasante Entwicklung, dass bis 2014 an den chinesischen Universitäten bzw. Hochschulen nunmehr insgesamt 150 Deutschabteilungen zu verzeichnen sind. Die Fachrichtungen der chinesischen Germanistik, die im Katalog der Disziplinen des Bildungsministeriums offiziell „Deutsche Sprache und Literatur“ genannt wird, weisen ein weites Spektrum auf. Dazu gehören neben den traditionellen Fachrichtungen Deutsche Sprach- und Literaturwissenschaft die Übersetzungstheorie und -praxis und neu geschaffene Studiengänge wie Deutschlandstudien, DaF-Didaktik sowie Kultur und Geschichte der deutschsprachigen Länder. Neben der Standardisierung und Institutionalisierung ist die chinesische Germanistik zudem durch Internationalisierung gekennzeichnet. Heute haben fast 90 Prozent der Deutschabteilungen in China Partnerschaften mit Instituten für Deutsch in den deutschsprachigen Ländern aufgebaut und vollziehen einen regelmäßigen Austausch von Studierenden und Dozierenden. Die Zahl der chinesischen Germanistinnen und Germanisten, die auf internationalen Fachtagungen Vorträge halten, wächst ebenfalls rasant.

Was mich in diesem Zusammenhang sehr freut, ist, dass die chinesische Germanistik an diesem XIII. Kongress der IVG so zahlreich teilnimmt: Über 140 chinesische Kolleginnen und Kollegen sind mit ihren Vorträgen gekommen, und einige Nachwuchswissenschaftlerinnen und -wissenschaftler haben Sektionen sogar mit organisiert und werden Sektionen moderieren.

Zweifelsohne dient eine wissenschaftliche Konferenz der Wissenschaftskommunikation. Aber ich darf mir erhoffen, dass unsere Tagung, über die Präsentation und die Produktion der Wissenschaft hinaus, ein Treffen von Kolleginnen und Kollegen und eine Begegnung von Kulturen sein wird, dass sie zu einem Ort der Kontaktaufnahme, zur Knüpfung und Förderung der Freundschaft wird. An den kommenden Tagen können wir Kolleginnen und Kollegen persönlich kennen lernen und uns mit ihnen austauschen, die wir bislang nur aus der Fachliteratur kennen. Und es ist mein persönliches Anliegen, dass meine chinesischen Kolleginnen und Kollegen die Chancen zum wissenschaftlichen Austauschen wahrnehmen und interkulturelle Freundschaft aufbauen.

Fachtagungen haben heutzutage eine besondere Bedeutung für die Nachwuchswissenschaftlerinnen und -wissenschaftler, da sie auf Konferenzen gehen bzw. gehen sollen und dort in ihren Fachgemeinschaften nicht zuletzt auch sozialisiert werden. In diesem Sinne habe ich mich sehr gefreut, als ich im Programmheft entdeckt habe, dass auf dem diesjährigen Kongress so viele junge und neue Gesichter erscheinen und somit die Hoffnung berechtigt ist, dass unserem Fach neue Ideen und Gedanken gebracht werden. Wir haben also einen sehr guten Anfang, wenn wir in unserem Kongress in die Zukunft blicken und von der Innovation der Germanistik sprechen.

Wer Tagungen organisiert, weiß, dass es keine Selbstverständlichkeit ist, eine so große Zahl von Teilnehmerinnen und Teilnehmern aus aller Welt begeistert in der großen Aula in festlichem Rahmen zusammenzuführen. Deshalb möchte ich abschließend die Gelegenheit nutzen und dem Vorsitzenden der IVG, meinem lieben Kollegen Zhu Jianhua, und seinem Team für die erfolgreiche Vorbereitung und Organisation des Kongresses ganz herzlich danken!

Meine Damen und Herren, im Namen der chinesischen Germanistik wünsche ich Ihnen, wünsche ich uns einen schönen Aufenthalt und einen wissenschaftlich ertragreichen Kongress!

Vielen Dank!

II. Berichte

Zhu Jianhua
Tongji-Universität Shanghai

1. Bericht über die Aktivitäten der IVG-Organe während des Zeitraums vom 8. August 2010 bis 30. August 2015 in Shanghai

Liebe IVG-Mitglieder, meine Damen und Herren!

Im Folgenden möchte ich im Namen des Präsidiums und des Internationalen Ausschusses der IVG, des Shanghaier IVG-Organistionsteams über die Aktivitäten der IVG-Organe während des Zeitraums vom 8. August 2010 bis 30. August 2015 in Shanghai berichten.

1. Vorbereitung vor der Wahl und Sofortaufgaben nach der Wahl in Warschau

Ich habe mich erst ein Jahr vor dem Warschauer Kongress 2010 entschieden, für die Präsidentenschaft der IVG zu kandidieren. Hinter mir standen zahlreiche Freunde, Kolleginnen und Kollegen, nicht nur aus China, sondern auch aus vielen anderen Ländern. Sie haben viele Vorschläge gemacht und mir den Mut gegeben, diese wichtige und ehrenvolle Position zu übernehmen. Meine Universität hat meine Kandidatur besonders unterstützt. Sie hat zum Beispiel zu meiner Abreise einen Flyer mit wichtigen Informationen über die Entwicklung der Germanistik in China, über meine Person und über die sehr gut entwickelte Infrastruktur in Shanghai vorbereitet. Der damalige Vizepräsident der Tongji-Universität, Dong Qi, hat sich persönlich darum gekümmert. Dies zeigt, dass die Tongji-Universität die IVG von Anfang an sehr ernst genommen hat. In der Vollversammlung hat sich die Mehrheit der Mitglieder bei der Wahl schließlich für mich entschieden. Das Wahlergebnis ist nicht nur für mich persönlich eine große Ehre, sondern vielmehr auch eine Ehre für die Germanistik in China, gleichzeitig auch eine große Herausforderung für uns, weil wir zum ersten Mal diese Mammutaufgabe übernehmen mussten. Nach der Rückkehr nach Shanghai liefen gleich die Planungen auf Hochtouren an:

1) Suche nach Personen in meinem Umfeld, die bereit wären, als Generalsekretär und Schatzmeister zu fungieren und die entsprechende Verantwortung zu übernehmen;
2) Suche nach einer Anzahl von Kolleginnen und Kollegen für die Mitarbeit im IVG-Team in Shanghai;
3) Eröffnung eines Bankkontos der IVG, damit die Mitglieder Ihre Mitgliedbeiträge überweisen können;
4) Eröffnung einer IVG-Homepage mit einer E-Mail-Adresse;
5) ein angemessner Raum für das IVG-Büro;
6) die notwendige technische Ausstattung des Büros mit Computer, Drucker, Büromaterialien usw.

Dank der aktiven Teilnahme der Kolleginnen und Kollegen der Deutschen Fakultät und der tatkräftigen Unterstützung durch die Unterstützung der Universitätsleitung konnten wir die oben genannten Aufgaben schnell erfüllen.

Die auf der ersten Phase basierenden Arbeiten haben wir in den folgenden Punkten weitergeführt, um den IVG-Kongress in Shanghai vorzubereiten. Dies sind vor allem:

1) Das Gesamtthema des Kongresses vorzuschlagen und auf der folgenden Ausschusssitzung endgültig festzulegen;
2) Erstellung eines entsprechenden Hauptprogramms des Kongresses;
3) Vorbereitung der ersten Ausschusssitzung;
4) Vorbereitung der möglichst reichhaltigen Begleitprogramme;
5) Gewährleistung der Infrastruktur für die praktische Durchführung des Kongresses, wie Logistik, Räumlichkeiten usw.

2. Die Sitzungen des Präsidiums und des Internationalen Ausschusses und ihre wichtigsten Beschlüsse

Insgesamt wurden vier Ausschusssitzungen in meiner Amtsperiode veranstaltet:

1. Ausschusssitzung am 28. Mai 2011, Shanghai
2. Ausschusssitzung am 05. Juni 2012, Palermo
3. Ausschusssitzung 29. Mai 2014, Shanghai
4. Ausschussitzung 28.08.2015, in Shanghai

Schon auf der 1. Ausschusssitzung wurden die Arbeiten in der ersten Phase gründlich besprochen.

1) IVG-Konto

Da die IVG kein in China registrierter Verein ist, kann kein eigenständiges Konto der IVG eingerichtet werden. Deshalb wurde mit Genehmigung der Tongji-Universität innerhalb der Universitätskasse ein Konto eröffnet. Durch Bemühungen der Universitätsverwaltung wurde das IVG-Konto von den Verwaltungsgebühren befreit, was unter zahlreichen Projekten der Universität einmalig ist. Die Kontonummer wurde Ende 2010 auf der IVG-Internetseite veröffentlicht, damit die alten und neuen Mitglieder sich anmelden/ihren Beitrag überweisen konnten.

2) Nominierung der Generalsekretärin und des Schatzmeisters

Die Teilnehmer haben über die Nominierung von Generalsekretärin und Schatzmeister diskutiert und festgelegt, dass die Funktionen des Generalsekretärs und des Schatzmeisters satzungsgemäß von zwei Mitarbeitern der Tongji-Universität ausgeführt werden, und zwar die der Generalsekretärin von Prof. Dr. Zhao Jin und die des Schatzmeisters von Herrn Prof. Dr. Guo Yiwei.

Die anwesenden Ausschussmitglieder haben über die Nominierung der Generalsekretärin und des Schatzmeisters mit einstimmigem Einverständnis abgestimmt.

3) Rahmenthema des Kongresses

Die Hauptaufgabe dieser Sitzung war, das Rahmenthema des 13. Weltkongresses der IVG festzulegen. Nach der reghaften Diskussion wurde der Vorschlag von Herrn Prof. Zhu Jianhua, dem Präsidenten der IVG, von allen tagenden Ausschussmitgliedern durch Abstimmung einstimmig angenommen. Er lautete „Germanistik zwischen Tradition und Innovation". Um das Rahmenthema herum sollten dann Vorschläge zu Sektionsthemen gesammelt werden, die dann auf der nächsten Ausschussitzung zur Diskussion vorgelegt werden sollten.

4) Weitere Startarbeit

Zhu Jianhua und seine Mitarbeiter haben außerdem über die Startarbeit der IVG in Shanghai berichtet, einschließlich der Einrichtung eines IVG-Büros, Aufstellung der IVG-Internetseite, Anwerbung neuer IVG-Mitglieder usw., wobei die Teilnehmer über die weitere Entwicklung der IVG und die Vorbereitungsarbeit für den Weltkongress im Jahr 2015 diskutiert und Vorschläge gemacht haben. Somit hat die erste Ausschusssitzung für die weitere Arbeit der IVG sowie die Vorbereitungsarbeit auf den Weltkongress 2015 eine erste Grundlage gelegt.

Auf der 2. Ausschusssitzung in Palermo wurden vor allem die in der ersten Phase gesammelten Vorschläge der Sektionsthemen, die insgesamt die Fachdisziplinen Sprachwissenschaft, Literaturwissenschaft, Kulturwissenschaft und Sprachdidaktik Deutsch als Fremdsprache umfassten, vorstellt und auf ihre formale Richtigkeit hin überprüft. Die angenommenen Sektionsthemen sollten danach auf der Homepage der IVG bekanntgegeben werden. Weitere Vorschläge zu Sektionsthemen sollten bis Ende 2012 im Großen und Ganzen fertig gestellt werden. Gleichzeitig wurde festgelegt, dass für die Bildung einer Sektion mindestens 15 Beiträge vorhanden sein sollten.

Ein weiterer Beschluss auf der 2. Ausschusssitzung war die Gründung der Satzungskommission, die in Punkt 5. näher erläutert wird.

Ziel der 3. Ausschusssitzung waren vor allem die Festlegung des Rahmenprogramms des 13. IVG-Weltkongresses 2015 und die Überprüfung der geplanten Sektionen einschl. der Sektionsthemen und -leiter. Über die Vorbereitungsarbeiten der Tongji Universität für den Weltkongress wurde berichtet und diskutiert. Diese beinhalten die Planung der 6 Panel- und 61 Sektionsthemen, die Entwicklung eines Anmeldesystems zur Einreichung und Überprüfung der Vorträge, die Verbesserung bzw. Ergänzung der IVG-Homepage sowie die Verwaltung der Mitgliedsbeiträge.

Nach regen Diskussionen und Abstimmungen wurden folgende Beschlüsse von den anwesenden Ausschussmitgliedern einstimmig angenommen: Nominierung der Wahlkommission mit Zhu Jianhua (Vorsitzender), Ryozo Maeda und Arne Ziegler (Mitglieder), Beauftragung des Präsidenten als Herausgeber der gesamten IVG-Akten des Weltkongresses 2015, Befugnis des Präsidenten zur Durchführung des endgültigen Programms für den Weltkongress 2015.

Auf der 4. Ausschusssitzung wurden hauptsächlich das gesamte Programm der Vollversammlung überprüft und die Wahl des neuen Präsidiums vorbereitet.

3. Sektionen und Panels

Bis zu dem Anmeldeschluss am 30.04.2013 wurden insgesamt 69 Sektionsthemen vorgeschlagen. Aufgrund des Beschlusses der zweiten Ausschusssitzung 2013 in Parlemo sowie aufgrund der thematischen Ähnlichkeiten der vorgeschlagenen Sektionsthemen wurden einige Themen gestrichen oder zusammengelegt. Danach sind 61 Sektionsthemen angenommen und auf der IVG-Webseite veröffentlicht worden. Die Anzahl der Sektionen wurden schließlich auf 51 Sektionen in der Endfassung festgelegt, denn mindestens 15 Vorträge mussten für eine Sektion angemeldet werden, so dass einige Sektionen ausfallen oder mit anderen zusammengelegt werden mussten. Für Paneldiskussionen waren nach mehrfacher Diskussion auf Ausschusssitzungen schließlich die folgenden sechs Themen vorgesehen:

1) Sprachwissenschaft zwischen Tradition und Innovation
2) Wie tradionell und modern ist die germanistische Literaturwissenschaft?
3) Goethe und Konfuzius - deutsche und chinesische Sicht der Vielsprachigkeit
4) Multimodalität, Intermedialität - Chancen und Herausforderungen der neuen Medien
5) Fremdperspektiven der Auslandsgermanistik heute und morgen
6) Die Tongji-Universität als Brücke zwischen den Kulturen

4. Termin für den Weltkongress

Über den Termin des 13. Weltkongresses der IVG wurde unter Berücksichtigung der Teilnehmerinnen und Teilnehmer aus verschiedenen Ländern und Regionen mehrmals diskutiert. In der 2. Ausschusssitzung wurde zuerst die erste Septemberwoche 2015 avisiert. Auf Vorschlag vieler IVG-Mitglieder hin wurde der Zeitplan auf der 3. Ausschussitzung dann für die letzte Augustwoche 2015 wie folgt festgelegt:

23.08.2015	Anmeldung
24.–30.08.2015	Eröffnungs-, Panels- und Sektionsveranstaltung
27.08.2015	Kulturprogramm
30.08.2015	Mitgliedversammlung.

5. Satzungsänderung

Angesichts der Anforderungen zur Änderung einiger problematischer Stellen in der Satzung, nach denen man in der Praxis nicht funktionsfähig arbeiten kann, wurde über Satzungsänderungen in allen Ausschusssitzungen gesprochen. Daraufhin wurde in der 2. Ausschusssitzung in Palermo eine Satzungskommission gegründet. Dabei wurde Laura Auteri als Leiterin der Kommission vorgeschlagen, Zhu Jianhua, Franciszek Grucza, Adjaï A. Paulin Oloukpona-Yinnon und Hans Jürgen Krumm wurden als Kommissionsmitglieder vorgeschlagen. Ihre Nominierung erfolgte durch die Abstimmung aller stimmberechtigten Teilnehmer mit einer Enthaltung.

Durch die beiden Arbeitssitzungen der Satzungskommission am 12.05.2013 in Krakau und am 20.02.2015 in Palermo wurden insgesamt 10 Vorschläge zur Satzungsänderung den Mitgliedern der IVG vorgelegt, über die auf der Vollversammlung abgestimmt wurde und die angenommen wurden. Die Satzungsänderungen im Einzelnen sind in Abschnitt II.4 des vorliegenden Bandes spezifiziert.

6. Vorbereitung der Wahl

Über die Wahlkommission wurde in der 3. Ausschusssitzung in Shanghai diskutiert und ihre Zusammensetzung festgelegt. Sie umfasst Zhu Jianhua (Vorsitzender), Ryozo Maeda und Arne Ziegler (Mitglieder).

7. Vorbereitung und praktische Durchführung des gesamten Kongresses

Auf der 3. Ausschusssitzung wurde nach Überprüfung aller Vorbereitungsarbeiten in Shanghai die Befugnis des Präsidenten zur Durchführung des endgültigen Programms für den Weltkongress 2015 durch einstimmige Annahme festgelegt.

8. Vorbereitung der Voll- und Wahlversammlung der IVG

Auf der 4. Ausschusssitzung wurde das gesamte Programm der Voll- und Wahlversammlung vorgestellt. Durch sorgfältige, gründlich durchdachte Diskussionen wurden die Kandidaten für das Präsidium und den Internationalen Ausschuss für die Periode 2015–2020 vorgeschlagen.

Vielen Dank für Ihre Aufmerksamkeit!

2. Endgültiger Bericht über die Finanzen der IVG (Warschau) für den Zeitraum 2005–2015

Die Warschauer Finanzgebarung der IVG wurde von der Schatzmeisterin Prof. Dr. Magdalena Olpinska-Szkielko und vom Präsidenten Prof. Dr. Franciszek Grucza geführt. Dank eines recht sparsamen Vorgehens und der eingeworbenen Zuschüsse konnten nicht nur die von der Warschauer Präsidentschaft zu bewältigenden Aufgaben (darunter vor allem Ausstattung und Führung des IVG-Büros, Neugestaltung der Datenbank, Vorbereitung und Durchführung mehrerer Sitzungen des Internationalen Ausschusses der IVG, Vorbereitung und Durchführung des Kongresses, Aufarbeitung seines Nachlasses, Herausgabe der Akten, Versand der Belegexemplare) finanziell bewältigt, sondern darüber hinaus ein beachtlicher Saldo-Betrag erspart werden.

Die Einnahmen der IVG während 2005–2015 beliefen sich auf € 231.287,12. Die Summe setzte sich aus dem Saldo-Betrag in Höhe von € 39.813,07, der von der Pariser Präsidentschaft auf das Warschauer IVG-Konto überwiesen wurde, den Mitgliedsbeiträgen, den Kongressgebühren und den Zuschüssen zusammen.

Traditionsgemäß wurden Studenten, Doktoranden sowie Teilnehmern des Kongresses aus finanzschwachen Ländern die Mitgliedsbeiträge bzw. Kongressgebühren stark reduziert. Die Förderung durch die Warschauer Universität zeichnete sich durch eine teilweise Tilgung bzw. Reduzierung der seitens der IVG ihr gegenüber zu entgeltenden Kosten aus.

Die Ausgaben der IVG während 2005–2015 beliefen sich auf insgesamt € 191.214,05.

Die Publikation der 19 Bände der Kongressakten wurde vom Peter Lang-Verlag (Internationaler Verlag der Wissenschaften , Frankfurt am Main) ausgeführt. Ihre Kosten beliefen sich auf insgesamt € 55.485,00. Der Versand der Bellegexemplare kostete insgesamt € 16.329,17. Der verbleibende Saldo-Betrag in Höhe von € 40.073,07 wurde der Shanghaier Präsidentschaft zur Verfügung gestellt. Beide (in Zloty und in Euro) bei der Bank Pekao S.A. (Ill 0. Warszawa, ul. Czackiego 21123) eingerichteten Konten wurden geschlossen.

Die unterfertigten Rechnungsprüfer der IVG und ihre Stellvertreter haben satzungsgemäß die Finanzgebarung überprüft und für richtig befunden. Sie ersuchen daher die IVG-Vollversammlung in Shanghai, die Warschauer Schatzmeisterin und den Warschauer Ehrenpräsidenten der IVG zu entlasten. Der Finanzbericht wurde am 11. Juni 2015 angefertigt.

Prof. Dr. hab. Zofia Berdychowska
Jagiellonen-Universität, Kraków
Präsidentin des Verbandes Polnischer Germanisten

Prof. Dr. Jerzy Zmudzki
Marie Curie-Sklodowska-Universität, Lublin
Mitglied des Vorstands des Verbandes Polnischer Germanisten

Prof. Dr. Beata Mikolaczyk
Adam-Mickiewicz-Universität, Poznan
Mitglied des Vorstands des Verbandes Polnischer Germanisten

Prof. Dr. Zenon Weigt
Universität Lodz
Mitglied des Vorstands des Verbandes Polnischer Germanisten

3. Vorläufiger Bericht über die Finanzen der IVG (Shanghai) für den Zeitraum 2010–2015

Meine Damen und Herren! Sehr geehrte Mitglieder der IVG!

Hier möchte ich Ihnen einen vorläufigen Bericht über die finanziellen Einnahmen und Ausgaben der IVG während der chinesischen Präsidentschaft bieten. Es ist ein vorläufiger Bericht, weil noch zahlreiche Kosten, inkl. Kosten während des Kongresses 2015 und nach dem Kongress, zu begleichen sind. Insgesamt lassen sich die Kosten der Aufarbeitung des Kongresses noch nicht genau abschätzen.

Für die Präsidentschaft vom Jahr 2010 bis zum Jahr 2015 ist das IVG-Konto nicht beieiner bestimmten Bank eröffnet worden, sondern ist nach der chinesischen Regelung dank der Unterstützung der Finanzabteilung der Tongji-Universität als IVG-Konto bei der Uni-Kasse geführt worden.

Sowohl in dem vorliegenden vorläufigen als auch in dem noch vorzubereitenden endgültigen Finanzbericht werden hauptsächlich die sich aus den Mitgliederbeiträgen und den Kongressgebühren ergebenden Einnahmen berücksichtigt. Externe Zuwendungen, vor allem die Zuwendungen der Tongji-Universität, werden direkt mit den einschlägigen Institutionen abgerechnet.

Die gesamten Einnahmen und Ausgaben gliedern sich wie folgt:

1.
Bis zum 29.08.2015 wurden auf dem IVG-Konto folgende Einnahmen verzeichnet:

Mitgliedsbeiträge vor dem Kongress: 785 359,57 Yuan und 2 100 Euro. Die durch Banken überwiesenen Beiträge wurden automatisch in chinesische Währung Yuan Renminbi umgewandelt. Die bar einbezahlten Beiträge in Euro verbleiben in Euro.

Beide Salden werden sich natürlich um die während des Kongresses eingenommenen Mitgliedsbeiträge und Kongressgebühren erhöhen.

2.
Die bisherige Summe der Ausgaben beträgt 196 797,39 Yuan Renminbi. Diese Summe wurde insgesamt für die Vorbereitungen des Kongresses 2015 ausgegeben, inkl. der Kosten für 3 Ausschusssitzungen in Shanghai, die IVG-Website, Aufbau und Unterhalt eines IVG-Büros, der Kongress-Unterlagen für die TeilnehmerInnen (Abstractband, Programmheft), des Designs für die Eröffnung des Kongresses usw.

3.
Insgesamt weist das IVG-Konto bis 29.08.2015 einen Saldo von 588 562.18 (785 359,57–196 797,39) Yuan Renminbi und 2 100 Euro auf.

4.
Nach dem Kongress 2015 sind voraussichtlich noch folgende Ausgaben zu begleichen:

1) Kosten für die Veröffentlichung der Kongressakten (voraussichtlich 30 000 Euro)
2) Kosten für die Benutzung der Räume samt deren Bedienung während des Kongresses
3) Kosten für den chinesischen Kulturabend samt Empfang
4) Personalkosten
5) Verkehrskosten
6) andere Kosten

Guo Yiwei
Schatzmeister der IVG 2010–2015

4. Bericht über erfolgte Satzungsänderungen

Die folgenden Änderungen der Satzung der Internationalen Vereinigung für Germanistik wurden seit dem Warschauer Kongress 2010 und bis zu dem Shanghaier Kongress 2015 vorgenommen:

Absatz 1.1.:

- „[...] in ihrer vorläufigen Form auf dem Kongreß der Fédération Internationale des Langues et Littératures Modernes 1951 in Florenz gegründet, schließt sich nach ihrer endgültigen Konstituierung in Rom 1955 der Fédération Internationale des Langues et Littératures Modernes an und stellt sich auf die Grundlage von deren Satzungen" gestrichen.
- „Die altgermanische, deutsche, nordische, niederländische, friesische, afrikaanse und jiddische Sprach- und Literaturwissenschaft" gestrichen. Ersetzt durch: „Die altgermanische, deutsche jiddische Sprach- und Literaturwissenschaft, sowie [....]"

1.2.:
„Die Unterstützung wissenschaftlicher Unternehmungen" wird durch den Satz „Die Unterstützung von Forschung, Lehre und Ausbildung" ersetzt.

Absatz 2.1.:
Im Satz „[...] wissenschaftliche Arbeiten (z. B. Promotion) ausgewiesen hat und insbesondere, wer eine akademische Lehrtätigkeit ausübt [...]" sind sowohl „(z. B. Promotion)" als „und insbesondere" hinzugefügt worden.

2.2.:
„beim Präsidium" gestrichen und durch „bei dem Präsidenten/der Präsidentin" ersetzt.
Über die Aufnahme beschließt das Präsidium: „innerhalb eines Zeitraums von drei Monaten" gestrichen.

Absatz 3.:
Organe der IVG sind, laut Satzung: 1. Vollversammlung, 2. Ausschuss, 3. „Präsidium und Ehrenpräsidium" weggestrichen und durch „Präsident/Präsidentin" ersetzt. Hinzugefügt: 4. Ehrenpräsident/Ehrenpräsidentin.

Absatz 4.1.
Die Vollversammlung wählt: „Ausschuß und Präsidium“ weggestrichen und ersetzt durch „den Präsidenten/die Präsidentin, die Vizepräsidenten/die Vizepräsidentinnen und den Ausschuss“.

4.4.:
Anträge entweder mindestens [vier Wochen: gestrichen] zwei Monate (Ersatz) vor dem Kongress schriftlich dem Präsidium der IVG oder [während des Kongresses (spätestens zwei Tage vor der letzten Vollversammlung der Mitglieder: gestrichen] der betreffenden Kommission übergeben. In Ausnahmefällen (Ersatz) [Jedoch: gestrichen] kann ein Antrag auch in der Vollversammlung ohne Kommissionsbehandlung gestellt werden; dann (Ersatz) ist für seine „Behandlung“ (Ersatz) [...].

Absatz 5.1.:
Aus jedem Land können höchstens zwei [„mit Vertretern der Jiddistik, Niederlandistik und Skandinavistik höchstens vier“ gestrichen] Ausschussmitglieder gewählt werden [...].Im Ausschuss [„einschließlich des Präsidiums sollen die Jiddistik, Niederlandistik und Skandinavistik durch mindestens drei Mitglieder“ gestrichen] „soll die Jiddistik nach Möglichkeit“ (Ersatz) vertreten sein. Der Präsident/Die Präsidentin beruft den Ausschuss ein und führt den Vorsitz.

Absatz 7.6.:
Ersetzt durch „Die Liste der aktiven Mitglieder der IVG mit Angabe der jeweiligen Universität wird vor dem Kongress vom Präsidenten bereitgestellt und wird auf der Webseite der IVG veröffentlicht (eine Namensliste ohne Adresse)“.

Zhu Jianhua

5. Bericht über die Eröffnung und den Verlauf des Shanghaier IVG-Kongresses sowie seine Begleitprogramme

Liebe IVG-Mitglieder, liebe KongressteilnehmerInnen, verehrte Ehrengäste, meine Damen und Herren!

Am Montag, dem 23.08. wurde an der Tongji-Universität, und damit erstmals in China, der 13. Kongress der Internationalen Vereinigung für Germanistik (IVG) mit einer schönen musikalischen Umrahmung von Mozart feierlich eröffnet. Insgesamt haben mehr als 1.200 germanistische Sprach- und Literaturwissenschaftler aus 69 Ländern und Regionen an dem in fünfjährigen Abstand stattfindenden Zusammentreffen der Germanisten aus aller Welt in Shanghai teilgenommen, wenn auch nicht immer über die ganze Kongressdauer hinweg. Einen kurzen Rückblick auf den gesamten Verlauf des Kongresses möchte ich im Folgenden in fünf Teilen geben.

1. Die Eröffnungsfeier

Die feierliche Eröffnung des 13. Kongresses der Internationalen Vereinigung für Germanistik, die am 24.08.2015 in der großen Aula der Tongji-Universität stattfand, bestand aus 2 Teilen. Den ersten Teil bildeten die Begrüßungsansprache und Einführung des Rahmenthemas „Germanistik zwischen Tradition und Innovation“ durch mich als amtierenden IVG-Präsidenten, die Grußansprache des Präsidenten der Tongji-Universität Prof. Dr. Pei Gang, die Grußadresse des Botschafters der VR China in Deutschland Herrn Shi Mingde, die Ansprachen und Grußworte der Ehrengäste, des Präsidenten der Alexander von Humboldt Stiftung Prof. Dr. Helmut Schwarz, der Präsidentin des Deutschen Akademischen Austauschdienstes Prof. Dr. Margret Wintermantel, des Vorstandsmitglieds des Goethe-Instituts Dr. Bruno Gross, der Präsidentin des Chinesischen Germanistenverbandes Prof. Liu Yuelian, des amtierenden Generalkonsuls der Bundesrepublik Deutschland in Shanghai Herrn Jörn Beißert, der Generalkonsulin der Republik Österreich in Shanghai Frau Silvia Neureiter, der amtierenden Generalkonsulin der Schweizerischen Eidgenossenschaft in Shanghai Frau Anna Mattei und des Generalkonsuls des Großherzogtums Luxemburg in Shanghai Herrn

Luc Decker, mit einer musikalischen Umrahmung. Im zweiten Teil wurden zwei Festvorträge durch Repräsentanten der Germanistik in Deutschland und China abgehalten. Es sprachen: Prof. Dr. Peter-André Alt (Präsident der FU Berlin) mit dem Thema *Barocke Schädelbasislektionen. Gehirn, Imagination und Poesie in der Frühen Neuzeit* und Prof. Dr. Zhao, Jin (Dekanin der Deutschen Fakultät der Tongji-Universität Shanghai) mit dem Thema *Text und Kultur. Die Kulturalität der Texte.*

Den Höhepunkt der Eröffnungsfeierlichkeiten bildete der Chinesische Kulturabend, ebenfalls in der großen Aula, mit einem dreiteiligen Programm „China-Geist, China im Entwicklungsprozess und Eine gemeinsame Welt". Die künstlerischen Darbietungen der KünstlerInnen vom Pekingoper-Theater Shanghai, der berühmten Erhu-Spielerin Ma Xiaohui und der berühmten Sängerin Yang Xuejin sowie von den StudentInnen von der Sportabteilung und dem Studentenkunstverein der Tongji-Universität zeigten dem Publikum einen künstlerischen Einblick in die 5000 Jahre alte chinesische Kultur und werden für alle Zuschauer als ein tief beeindruckendes Erlebnis in Erinnerung bleiben. Der anschließende Empfang in der Xiyuan-Mensa bot den KongressteilnehmerInnen einen kulinarischen Genuss chinesischer Esskultur.

2. Die Sektionen

In 51 Sektionen wurden, im Zeitraum vom 24. bis 29. 08. in den Räumen der Nord-Gebäude der Universität, gut 1000 Vorträge in den Bereichen Sprachwissenschaft, Literaturwissenschaft, Kulturwissenschaft sowie Sprachdidaktik gehalten, von denen jeder sich mit einer spezifischen Problematik der Germanistik im engeren oder weiteren Sinne beschäftigt hat. Es sprachen nicht nur ältere und erfahrene Kolleginnen und Kollegen und namhafte Experten, sondern auch viele junge Nachwuchskräfte, unter denen nicht wenige zum ersten Mal die Gelegenheit hatten, sich international zu präsentieren. Insgesamt sind folgende 51 Sektionsthemen aufgelistet:

Sprachwissenschaft

- Beziehungsgestaltung durch Sprache: Kontrastive Analysen kommunikativer Praktiken
- Angewandte Fachsprachenforschung
- Konstruktionen im Sprachvergleich
- Deutsch in Bewegung. Grammatische Variation in der Standardsprache
- Sprache und Identität: kulturelle, politische und soziale Perspektiven
- Diskurs und Politik

- Welche Mündlichkeit, welche Schriftlichkeit? Sprache unter medialen Bedingungen/ Text und (hyper)mediale Kultur
- Die Poetizität der Sprache
- Zweisprachige Lexikografie – Entwicklung, Stand, Tendenzen
- Diskursbedeutung und Grammatik – Transtextuelle und gesprächsüber-
- greifende Aspekte grammatischer Inventare
- Kontrastive Textologie

Literaturwissenschaft

- Tradition und Transformation: der Ferne Osten in der deutschsprachigen Literatur
- Im Visier des Staates: Auseinandersetzungen mit dem Thema Staatspolizei in der deutschsprachigen Literatur und im deutschsprachigen Film
- Fakten und Fiktion in Literatur und Medien
- Experimentelle Gegenwartsliteratur
- Fluchtgeschichten. Narrative Grenzerkundungen angesichts von Emigration und Exil
- Neue Realismen. Formen des Realismus in der Gegenwartsliteratur
- Die Sprache der Emotionen lesbar machen: ‚Fremde' und ‚eigene' Emotionskulturen
- Ökologie und Umweltwandel i. d. deutschsprachigen Gegenwartsliteratur
- Vernetzte Autorinnen (17. bis 19. Jhdt.)
- Deutsche Comics: Von der Tradition zur Innovation
- Deutsche Geschichte(n) als internationale Bestseller – Weltkriege, Holocaust, deutscher Widerstand und ‚Wende' 1989 – in Literatur und Film
- Zeitreisen. Historische Romane im neuen Jahrtausend
- Beauty is but skin-deep: Wandel des Schönheitsbegriffs in Literatur und Kunst
- Entwicklungstendenzen der dt. Literatur nach 1989/90. Neueste deutschsprachige Literatur als Speicher zeitgenössischer Identitätsmodelle
- Lesen Germanisten anders? Zur kritischen Kompetenz von Literatur- und Kulturwissenschaft
- Mittlere Deutsche Literatur u. Kultur d. Frühen Neuzeit (1400–1750)
- Literatur 2.0 – Produktion und Rezeption
- Innovation: Wiederkehr d. Vergessenen in Literatur u. Literaturwissenschaft / Mediävistik zwischen Tradition u. Innovation
- Jiddische Sprache und Literatur in Geschichte, Gegenwart und Zukunft
- Geschichte und Mythos
- Theater und Film nach Brecht
- Der Vater-Sohn-Konflikt in der Weltliteratur

- Poetik und Anthropologie des Sports
- Literarische Herrscherbilder zwischen Gerechtigkeit und Despotie
- Utopie / Dystopie – Möglichkeitsdenken in der Gegenwart

Kulturwissenschaft

- Kulinaristik: Kultur – Kommunikation – Küche
- Begegnungen zwischen den deutschsprachigen Ländern und Asien
- Kulturdifferente Lehr- und Lernstile, nationalspezifische Wissenstraditionen und interdisziplinäre Methoden – wohin führt der Weg einer Germanistik als Fremdkulturwissenschaft?
- Interkulturalität (in) der Wissenschaft

Sprachdidaktik

- Qualifizierung von DaF-Lehrkräften weltweit
- Germanistische Qualifikationen weltweit – Curricula und Berufsbilder von AuslandsgermanistInnen
- Phonetik und Phonologie Deutsch als Fremdsprache
- Sprachpflege und Sprachkritik als gesellschaftliche Aufgaben
- Wie kann man in der heutigen Zeit der Globalisierung die deutsche Sprache in der Welt (optimal) fördern?
- Inter- und Transkulturalität bei internationalen Kooperationen im Hochschulbereich: Schwerpunkt Deutsch als Fremdsprache
- Lernplattformen zum virtuellen Lernen – was bringen sie für Lernen u. Lehren u. welche Chancen/Möglichkeiten f. d. internationale Germanistik
- Bedeutung und Vermittlung des Deutschen für die Fach- und Berufskommunikation weltweit
- Kognition der Mehrsprachigkeit
- Das Lernen und Lehren der deutschen Sprache in einer mehrsprachigen Welt: sprachenpolitische Bedingungen und Ansätze
- Die Rolle des Sprachvergleichs beim Erwerb des Deutschen

3. Panels

Ähnlich wie in der Warschauer Programmstuktur wurden sechs Panels mit Podiumsdiskussionen vom 25. bis 30.08.2015 im Sino-Französischen Zentrum der Tongji-Universität veranstaltet. Die Panels fokussierten auf die folgenden Themenbereiche:

1. Sprachwissenschaft zwischen Tradition und Innovation
2. Wie traditionell und modern ist die germanistische Literaturwissenschaft?

3. Goethe und Konfuzius – deutsche und chinesische Sicht der Vielsprachigkeit
4. Multimodalität, Intermedialität – Chancen und Herausforderungen der neuen Medien
5. Fremdperspektiven der Auslandsgermanistik heute und morgen
6. Die Tongji-Universität als Brücke zwischen den Kulturen

42 Experten haben zu den Panelthemen ihre Ansichten und Perspektiven zur Tradition und Innovation der internationalen Germanistik geäußert und ihre Meinungen zu deren Weiterentwicklungen zur Diskussion gestellt, wobei sie ein großes Echo beim Publikum gefunden und zu regen interaktiven Diskussionen und Kommentaren geführt haben.

4. Die Begleitprogramme

Zu den Begleitprogrammen gehörten hauptsächlich folgende wichtige Teile:

a) die Grimmpreisverleihung, die nach der bisherigen Tradition immer ein wichtiges Ereignis des IVG-Kongresses ist und am 25.08.2015 in der 129-Aula vom DAAD organisiert und feierlich veranstaltet wurde. Der Jacob-und-Wilhelm-Grimm-Preis wurde an Herrn Prof. Dr. Paulo Soethe aus Brasilien und der Jacob-und-Wilhelm-Grimm-Förderpreis an Herrn James M. Ikobwa aus Kenia verliehen.
b) die vier Kulturabende. Dies waren der deutsche Kulturabend am 25.08.2015, zuerst mit einem großen Empfang in Zonghe-Gebäude in der Universität, dann mit einem Konzert des Ensembles *Vocalconsort Berlin* im Grand Theatre in der Innenstadt, vom Deutschen Generalkonsulat in Shanghai und dem Goethe-Institut Beijing organisiert und erfolgreich veranstaltet; der Österreichische Kulturabend am 26.08.2015 im Pearl Theater in der Stadt, mit einem Konzert der Band *5/8'erl in Ehrn* (Wien), vom österreichischen Generalkonsulat in Shanghai organisiert und erfolgreich veranstaltet; dem schweizerischen Kulturabend in dem Yifu-Gebäude der Universität mit Lesung des Schriftstellers Florin Catalin Florescu mit musikalischer Untermalung, vom schweizerischen Generalkonsulat in Shanghai organisiert und erfolgreich veranstaltet; und der Luxemburgische Kulturabend im Sino-Französischen Zentrum der Universität mit letzeburgischem Kurzfilm, vom luxemburgischen Generalkonsulat in Shanghai organisiert und erfolgreich veranstaltet.
c) eine gesonderte Präsentation des chinesisch-deutschen Projektes „Literaturstraße", das seit über 10 Jahre von der Fritz Thyssen Stiftung gefördert wird, verbunden mit einer Lesung des renommierten Schriftstellers Christoph Ransmayr.

d) drei weitere Lesungen der ebenfalls sehr bekannten Schriftstellern Volker Braun, Martin Mosebach und Thea Dorn, organisiert vom Goethe-Institut Beijing.
e) ein verlegerisches Beiprogramm, in dessen Rahmen eine Reihe von Verlagen ihre Programme und Produkte präsentierten, und
f) einem landeskundlichen Teilprogramm mit einer Reihe von Angeboten der kulturellen Besichtigungen in der Stadt Shanghai und ihrer Umgebung.

5. Danksagungen

Liebe Kolleginnen und Kollegen, meine Damen und Herren!

Die Frucht unserer fünfjährigen Vorbereitungsarbeiten, der 13. Kongress der IVG, ist ohne Mitwirkung, Unterstützung und Hilfe von verschiedener Seite bis in die kleinsten Details undenkbar. An dieser Stelle möchte ich allen Seiten für das Zustandekommen dieses Mammutprojektes meine tiefste und herzlichste Dankbarkeit aussprechen. Ich danke vor allem meinem Vorgänger, dem Ehrenpräsidenten der IVG, Herrn Prof. Grucza, Frau Prof. Auteri und Herrn Prof. Oloukpona-Yinnon im Präsidium, und allen Mitgliedern im Internationalen Ausschuss der IVG, für Ihre zahlreichen wichtigen konstruktiven Vorschläge und stets kollegiale Zusammenarbeit. Ich danke dem DAAD, der AvH, dem Goethe-Institut und der Fritz Thyssen Stiftung für die großzügige Unterstützung zu unserem Kongress (z. B. dem DAAD für eine sechsmonatige Hilfskraftstelle in unserem IVG-Team) und zur Förderung der Kongressteilnahme zahlreicher Fachkolleginnen und -kollegen. Ich danke den Generalkonsulaten von Deutschland, Österreich, der Schweiz und Luxemburg in Shanghai für die inhaltsreichen Kulturprogramme. Ich danke dem chinesischen Germanistenverband und den zahlreichen chinesischen Kolleginnen und Kollegen für ihre vielen konstruktiven Ideen und Vorschläge für die Kongressorganisation. Ich danke Ihnen, lieben Mitgliedern der IVG, allen Sektions- und Panelleiterinnen und -leitern sowie allen Vortragenden, recht herzlich für Ihre aktive Teilnahme und für die fachkundige Zusammenarbeit während des gesamten Programms des Kongresses. Ich danke unseren Sponsoren aufrichtig für die große finanzielle Unterstützung, darunter besonders Bank of China, Foreign Language Teaching and Research Press (FLTRP), Verlag für Hochschulerziehung und der Hanns-Seidel-Stiftung. Zu großem Dank verpflichtet bin ich der universitätsinternen Unterstützung und Mitwirkung von Anfang an bis heute, von der Universitätsleitung bis hin zu allen betroffenen Abteilungen wie dem Auslandsamt, der logistischen Abteilung, der Finanzabteilung, der PR-Abteilung, dem Chinesisch-Deutschen-Campus, vor allem aber meinen Kolleginnen und Kollegen im Fremdsprachenkolleg, in der Deutschen Fakultät, im IVG-Team, für Ihre unermüdliche, wirkungsvolle und effektive Mitarbeit, repräsentativ möchte ich folgende Personen nennen: Vizepräsident Prof. Dr. Wu Zhiqiang, Prof. Li Ligui, Prof. Dr. Zhao Jin, Prof. Dr. Guo Yiwei, Prof. Dr. Michael Szurawitzki, Herr Wang Yi, Frau Chen Chen, Frau Chen Yu, Frau Ge Yan, Frau Ding Min, Frau Vanessa Müller und Herrn Huang Lihe. Mein spezieller Dank gilt unseren studentischen Volunteers. Unsere Studenten von der Tongji-Universität, von anderen Universitäten der Stadt Shanghai und von der Universität zu Köln haben durch sorgfältige Vorbereitungen großartige Dienste zum reibungslosen und erfolgreichen Verlauf des Kongresses bis in die Details geliefert. Daraufhin möchten wir an dieser Stelle 10 Vertreter der Studenten mit Urkunden auszeichnen.

Liebe Kolleginnen und Kollegen, meine Damen und Herren, in China gibt es einen Spruch: Jedes Bankett hat ein Ende. Der 13. Kongress der IVG wird, ähnlich wie seine Vorgänger, mit der Voll- und Wahlversammlung der aktiven Mitglieder heute Nachmittag zu Ende gehen. Ich hoffe, dass Sie alle mit schönen Erinnerungen von diesem Kongress mit wissenschaftlichen und fachlichen, kulturellen und landeskundlichen, persönlichen und freundschaftlichen Erfahrungen, Erlebnissen und Errungenschaften in Shanghai und in China zurückkehren. Gleichzeitig möchte ich an dieser Stelle ankündigen, dass dies nicht Ihr letzter Chinaaufenthalt sein wird. Ein Ende bedeutet im chinesischen Geist immer einen neuen Anfang. Auf Vorschlag von vielen KollegInnen werden wir in absehbarer Zeit, so hoffen wir, als Ergebnis und Weiterführung des IVG-Kongresses in Shanghai, eine neue Plattform für eine nachhaltige Entwicklung der internationalen Germanistik gründen. Zur Beratung, Mitwirkung, aktiven Teilnahme und Zusammenarbeit lade ich Sie herzlich ein.

Hiermit erkläre ich den 13. Kongress der Internationalen Vereinigung für Germanistik für beendet.

Vielen Dank für Ihre Aufmerksamkeit!

III. Protokoll der Shanghaier Voll- und Wahlversammlung der IVG-Mitglieder

Datum: 30. August 2015
Beginn: 15.10 Uhr
Ende: 17.00 Uhr
Ort: 129-Aula der Tongji-Universität Shanghai
Teilnehmer: aktive Mitglieder der IVG sowie Gäste vom DAAD, der Alexander von Humboldt-Stiftung und Begleitpersonen

Tagesordnung:

1) Eröffnung der Voll- und Wahlversammlung
2) Tätigkeitsbericht des Präsidenten
3) Vorläufiger Finanzbericht des Schatzmeisters 2010–2015
4) Wahl der Rechnungsprüfer und ihrer Vertreter für den Zeitraum 2015 bis 2020
5) Endgültiger Finanzbericht der Rechnungsprüfer über den Zeitraum 2005 bis 2010
6) Bericht über Satzungsänderungen
7) Wahl des Präsidenten und der beiden Vizepräsidenten für die Amtszeit 2015 bis 2020
8) Wahl der Mitglieder des Internationalen Ausschusses für die Amtszeit 2015 bis 2020
9) Schließung der Voll- und Wahlversammlung

Ad 1)
Die Voll- und Wahlversammlung der IVG-Mitglieder fand am letzten Tag des XIII. IVG-Kongresses in Shanghai, in der 129-Aula der Tongji-Universität statt. Frau Professor Dr. Zhao Jin begrüßte die Anwesenden, stellte die Tagesordnung vor und gab das Wort weiter an den amtierenden Präsidenten der Internationalen Vereinigung für Germanistik (IVG), Herrn Professor Dr. Zhu Jianhua, mit der Bitte um seinen Bericht.

Ad 2)
Professor Zhu Jianhua gab einen Bericht über seine Amtszeit vom 8. August 2010 bis zum diesjährigen Kongress (30.08.2015), in dem er zunächst betonte, wie hoch die Wertschätzung für die IVG und das Amt des Präsidenten nicht nur seinerseits, sondern auch seitens der Tongji-Universitätsleitung sei. Er brachte

seinen Dank gegenüber der Universitätsleitung und auch gegenüber den internationalen Kollegen für ihr Vertrauen zum Ausdruck. Nach einem kurzen allgemeinen Überblick über die organisatorischen Vorbereitungen in Shanghai für seine Amtszeit und den IVG-Kongress 2015 ging Professor Zhu Jianhua ausführlich auf die vier Ausschusssitzungen und zwei Sitzungen der Satzungskommission ein (1. Ausschusssitzung: 28.05.2011 in Shanghai; 2. Ausschusssitzung: 05.06.2012 in Palermo; 3. Ausschusssitzung: 29.05.2014 in Shanghai; 4. Ausschusssitzung: 28.08.2015 während des Kongresses in Shanghai; Satzungskommissionssitzungen: 2013, 2015). Wichtige Inhalte der Ausschusssitzungen waren:

- Die Einrichtung des IVG-Kontos. Dies ist in China mit juristischen und organisatorischen Schwierigkeiten verbunden, da die IVG kein in China registrierter Verein ist und somit kein selbständiges Konto eröffnen kann. Es wurde daher mit Genehmigung der Universitätsleitung innerhalb der Universitätskasse ein von den Verwaltungsgebühren befreites Konto eröffnet.
- Satzungsgemäße Nominierung von Frau Professor Zhao Jin als Generalsekretärin und Professor Guo Yiwei als Schatzmeister, einstimmiger Beschluss
- Rahmenthema des XIII. Kongresses „Germanistik zwischen Tradition und Innovation“, einstimmiger Beschluss
- Sektionen und Panels wurden festgelegt auf eine Endversion von 51 Sektionen und 6 Panels
- Konkrete Terminfindung für den XIII. Kongress
- Satzungsänderung; auf der 2. Ausschusssitzung Gründung einer Satzungskommission, bestehend aus den Mitgliedern Frau Professor Laura Auteri (Vorsitzende), Herrn Professor Franciszek Grucza, Herrn Professor Adjaï A. Paulin Oloukpona-Yinnon, Herrn Professor Hans-Jürgen Krumm, Herrn Professor Zhu Jianhua (vier Kommissionsmitglieder) beschlossen und auf der 3. Ausschusssitzung nominiert; vgl. Tagesordnungspunkt 6)
- Vorbereitung der Wahl; auf der 3. Ausschusssitzung Gründung einer Wahlkommission bestehend aus dem Vorsitzenden Professor Zhu Jianhua und den Mitgliedern Professor Ryozo Maeda und Professor Arne Ziegler
- Planung der praktischen Durchführung des Shanghaier Kongresses, mit Begleitprogramm
- Vorbereitung der Voll- und Wahlversammlung für den XIII. Kongress auf der 4. Ausschusssitzung

Zu diesem Bericht gab es keine Wortmeldungen. Nach seiner Danksagung an alle Verantwortlichen und Mitwirkenden wurde Professor Zhu Jianhua mit Beifall verabschiedet.

Zu detaillierten Informationen vgl. der Bericht des IVG-Präsidenten im vorliegenden Band (III.1).

Ad 3)
Der Schatzmeister, Herr Professor Guo Yiwei, erstattete einen vorläufigen Bericht über die Finanzen der IVG für den Zeitraum 2010 bis 2015. Vorläufig war der Bericht deshalb, weil noch zahlreiche Kosten, die im Rahmen des Kongresses anfielen und anfallen werden, zu begleichen sind.

Zu diesem Bericht gab es keine Wortmeldungen, Professor Guo Yiwei wurde mit Beifall verabschiedet.

Zu detaillierten Informationen vgl. den „Vorläufigen Bericht über die Finanzen der IVG für den Zeitraum 2010–2015" in diesem Band (III.2).

Ad 4)
Laut Satzung sind zwei Rechnungsprüfer und zwei stellvertretende Rechnungsprüfer zu wählen, die dafür zuständig sind, den endgültigen Finanzbericht über den Zeitraum 2010 bis 2015 zu prüfen und das Ergebnis der nächsten Voll- und Wahlversammlung vorzulegen. Professor Zhu Jianhua stellte die vier vorgeschlagenen Rechnungsprüfer aus vier verschiedenen chinesischen Universitäten vor. Als Rechnungsprüfer vorgeschlagen wurden Professor Chen Zhuangying (Fremdsprachenuniversität Shanghai, SISU) und Professor Liu Wei (Fudan-Universität Shanghai), als stellvertretende Rechnungsprüfer vorgeschlagen wurden Professor Zhang Honggang (Jiaotong-Universität Shanghai) und Professor Chen Qi (Technische Universität Shanghai). Da keine weiteren Kandidaturvorschläge von den Mitgliedern erfolgten, wurde über die Vorschläge per Akklamation abgestimmt. Alle vier wurden gewählt.

Ad 5)
Der von der Warschauer Leitung der IVG erstellte Finanzbericht über den Zeitraum 2005 bis 2010, geführt von der Schatzmeisterin Frau Professor Dr. Magdalena Olpinska-Szkielko und dem Präsidenten Herrn Professor Dr. Franciszek Grucza, wurde von den Rechnungsprüfern Frau Professor Dr. Zofia Berdychowska (Krakau), Frau Professor Dr. Beata Mikolajczyk (Posen), Herrn Professor Dr. Jerzy Zmudzki (Lublin) und Herrn Professor Dr. Zenon Weigt (Lodz) überprüft und für richtig befunden. Verlesen wurde der Bericht von Frau Professor Beata Mikolajczyk. Dem von den Rechnungsprüfern gestellten Antrag auf Entlastung der für den Kongress in Warschau Verantwortlichen stimmte die Shanghaier Voll- und Wahlversammlung auf Vorschlag von Professor Zhu Jianhua per Akklamation zu.

Zu detaillierten Informationen vgl. „Endgültiger Bericht über die Finanzen der IVG für den Zeitraum 2005–2010" in diesem Band (III.3).

Ad 6)
Frau Professor Laura Auteri, die Vorsitzende der Satzungskommission der IVG, berichtete über die in der Satzungskommission erarbeiteten Vorschläge für Satzungsänderungen. Nach Vorstellung aller zehn Änderungsvorschläge stimmten die Mitglieder den Vorschlägen per Akklamation zu.

Zu detaillierten Informationen und zum Wortlaut der Änderungen vgl. den „Bericht über erfolgte Satzungsänderungen" in diesem Band (III.4).

Ad 7)
Professor Zhu Jianhua stellte für seine Nachfolge im Amt des Präsidenten und für die beiden Vizepräsidenten für den Zeitraum 2015 bis 2020 die Kandidaten vor, die von der Wahlkommission, bestehend aus Professor Zhu Jianhua, Professor Ryozo Maeda und Professor Arne Ziegler vorgeschlagen wurden.

Als Kandidatin für das Amt des Präsidenten kandidierte Frau Professor Laura Auteri (Palermo, Italien), für die beiden Ämter der Vizepräsidenten kandidierten Herr Professor Daniel Müller Nielaba (Zürich, Schweiz) und Herr Professor Steffen Krogh (Arhus, Dänemark). Aus den Reihen der Mitglieder gab es keine weiteren Kandidaturvorschläge und keine sonstigen Beiträge. Nach kurzer Selbstvorstellung der drei Kandidaten wählte die Vollversammlung in geheimer Abstimmung unter der Leitung von Herrn Professor Zhu Jianhua als Vorsitzendem der Wahlkommission mit folgendem Ergebnis: Von den 176 anwesenden wahlberechtigten Mitgliedern erhielt Frau Professor Auteri 164 Ja-Stimmen, Herr Professor Müller Nielaba 150 Ja-Stimmen und Herr Professor Krogh 151 Ja-Stimmen.

Die neue Präsidentin und die Vizepräsidenten bedankten sich bei den Mitgliedern für das entgegengebrachte Vertrauen und nahmen alle drei die Wahl an.

Ad 8)
Der Präsident Professor Zhu Jianhua leitete über zur Wahl der Mitglieder des Internationalen Ausschusses für den Zeitraum 2015 bis 2020. Da die Amtszeit laut Satzung zwei Wahlperioden lang währt, bleiben folgende zehn Mitglieder für ihre zweite Amtszeit im Ausschuss:

Prof. Dr. Elena Agazzi (Pavia, Italien)
Prof. Dr. Peter Colliander (Kopenhagen, Dänemark)
Prof. Dr. Khadidjatou Fall (Dakar, Senegal)
Prof. Dr. Zehra Gülmüs (Eskisehir, Türkei)
Prof. Dr. Beate Kellner (München, Deutschland)
Prof. Dr. Waltraud Maierhofer (Iowa, USA)
Prof. Dr. Stanislaw Predota (Wroclaw, Polen)

Prof. Dr. Odile Schneider-Mizony (Strasbourg, Frankreich)
Prof. Dr. Martina Wagner-Egelhaaf (Münster, Deutschland)
Prof. Dr. Arne Ziegler (Graz, Österreich)

Die folgenden Mitglieder schieden nach Ablauf ihrer zweiten Amtszeit aus:

Prof. Dr. Heinrich Anz (Freiburg, Deutschland)
Prof. Dr. Min Suk Choe (Seoul, Südkorea)
Prof. Dr. Andrei Corbea-Hoisie (Iasi, Rumänien)
Dr. Winifred Vaughan Davies (Aberystwyth, Großbritannien-Wales)
Prof. Dr. Janusz Golec (Lublin, Polen)
Prof. Dr. Rekha Kamath-Rajan (New Delhi, Indien)
Prof. Dr. Hans-Jürgen Krumm (Wien, Österreich)
Prof. Dr. Ryozo Maeda (Tokyo, Japan)
Ferner wechselten Professor Dr. Steffen Krogh (Arhus, Dänemark) und Professor Dr. Daniel Müller Nielaba (Zürich, Schweiz) in das Amt der Vizepräsidenten, so dass für den Internationalen Ausschuss zehn Mitglieder neu gewählt werden mussten.

Für die Nachfolge nominierte der Internationale Ausschuss folgende Liste an Mitgliedern:

Prof. Dr. Firmin Ahoua (Abidjan, Elfenbeinküste)
Prof. Dr. Yun-Young Choi (Seoul, Südkorea)
Prof. Dr. John Greenfield (Porto, Portugal)
Prof. Dr. Sambor Grucza (Warschau, Polen)
Prof. Dr. Rajendra Dengle (New Delhi, Indien)
Prof. Dr. Karen Schramm (Wien, Österreich)
Prof. Dr. Manshu Ide (Tokyo, Japan)
Prof. Dr. Hebatallah Fathy (Giza, Ägypten)
Prof. Dr. Paulo Astor Soethe (Curitiba, Brasilien)
Prof. Dr. Zhao Jin (Shanghai, China)

Zu dieser Liste bzw. zum Vorgehen des Präsidiums, über diese Kandidaten im Block abzustimmen, gab es aus den Reihen der Mitglieder Einwände und Kritik. Es wurde der Vorschlag gemacht, nicht nur zehn neue Kommissionsmitglieder vorzuschlagen, über die abzustimmen sei, sondern mehr Kandidaten zu benennen und auch die Liste offen zu halten für weitere Vorschläge, so dass die Mitgliederversammlung eine differenzierte Auswahl habe.

Frau Professor Dr. Nazire Akbulut (Ankara, Türkei) beantragte, auf die Liste aufgenommen zu werden. Professor Zhu Jianhua bestätigte, dass dies laut Satzung möglich sei, wenn sich zwei Drittel der anwesenden Mitglieder dafür aussprächen. Im weiteren Verlauf wurden sowohl das Vorgehen des Präsidiums als auch der Antrag sehr kontrovers diskutiert. Einen Konsens gab es dahingehend, dass der Modus der Blockwahl, die Kandidatennominierung und die Gestaltung der Wahlzettel (Möglichkeit der Enthaltung fehlt) überdacht werden sollten sowie möglicherweise Änderungen in der Satzung für die nächste Wahlperiode in Betracht zu ziehen sind.

Aus Rücksichtnahme auf die allgemeine Atmosphäre zog Frau Professor Akbulut ihren Antrag zurück. Die für den Internationalen Ausschuss neu nominierten Mitglieder wurden in geheimer Abstimmung per Blockwahl mit 158 Ja-Stimmen gewählt.

Professor Franciszek Grucza ernannte als amtierender Ehrenpräsident den scheidenden Präsidenten Professor Zhu Jianhua zum neuen Ehrenpräsidenten, so dass die IVG-Gremien nun für den Zeitraum 2015 bis 2020 in folgender Weise besetzt sind:

Ehrenpräsident: Prof. Dr. Jianhua Zhu (Shanghai, China)
Präsidentin: Prof. Dr. Laura Auteri (Palermo, Italien)
Erster Vizepräsident: Prof. Dr. Daniel Müller Nielaba (Zürich, Schweiz)
Zweiter Vizepräsident: Prof. Dr. Steffen Krogh (Arhus, Dänemark)

Internationaler Ausschuss:

Prof. Dr. Elena Agazzi (Pavia, Italien)
Prof. Dr.Firmin Ahoua (Abidjan, Elfenbeinküste)
Prof. Dr. Yun-Young Choi (Seoul, Südkorea)
Prof. Dr. Peter Colliander (Kopenhagen, Dänemark)
Prof. Dr. Rajendra Dengle (New Delhi, Indien)
Prof. Dr. Khadidjatou Fall (Dakar, Senegal)
Prof. Dr. Hebatallah Fathy (Giza, Ägypten)
Prof. Dr. John Greenfield (Porto, Portugal)
Prof. Dr. Sambor Grucza (Warschau, Polen)
Prof. Dr. Zehra Gülmüs (Eskisehir, Türkei)
Prof. Dr. Manshu Ide (Tokyo, Japan)
Prof. Dr. Beate Kellner (München, Deutschland)
Prof. Dr. Waltraud Maierhofer (Iowa, USA)
Prof. Dr. Stanislaw Predota (Wroclaw, Polen)
Prof. Dr. Odile Schneider-Mizony (Strasbourg, Frankreich)
Prof. Dr. Karen Schramm (Wien, Österreich)
Prof. Dr. Paulo Astor Soethe (Curitiba, Brasilien)

Prof. Dr. Martina Wagner-Egelhaaf (Münster, Deutschland)
Prof. Dr. Jin Zhao (Shanghai, China)
Prof. Dr. Arne Ziegler (Graz, Österreich)

Ad 9)
Mit Worten des Dankes und der Anerkennung an alle, die zum Gelingen des XIII. Weltkongresses der IVG in Shanghai beigetragen haben, sowie mit Glückwünschen an die neu gewählten Amtsinhaber erklärte der scheidende IVG-Präsident und neue IVG-Ehrenpräsident Professor Zhu Jianhua die Voll- und Wahlversammlung der IVG 2015 für beendet.

Für das Protokoll:

Dr. Chen Yu
Vanessa Müller
Dr. Kerstin Salewski-Teßmann

IV. Dokumentation der feierlichen Verleihung des Jacob- und Wilhelm-Grimm-Preises 2015 durch den DAAD an Professor Paulo Astor Soethe sowie des Jacob- und Wilhelm-Grimm-Förderpreises an Dr. James Meja Ikobwa

Prof. Margret Wintermantel

1. Begrüßung durch die Präsidentin des DAAD

Sehr geehrter Herr Professor Soethe,
sehr geehrter Herr Dr. Ikobwa,
sehr geehrter Herr Generalkonsul Beißert,
sehr geehrte Frau Generalkonsulin Perez,
sehr geehrter Herr Vizepräsident Wu als Vertreter der Tongji-Universität, in deren Räumen wir hier zu Gast sind,
sehr geehrter Herr Professor Zhu als Ausrichter des diesjährigen IVG-Kongresses,
sehr geehrter Herr Professor Voßkamp,
liebe Mitglieder des Beirats Germanistik des DAAD,
sehr verehrte Gäste, liebe Kolleginnen und Kollegen

Sie alle hier begrüßen zu dürfen, in den Räumen der Tongji-Universität und im Rahmen des 13. Weltkongresses der Internationalen Vereinigung für Germanistik, zur Verleihung des Jacob- und Wilhelm-Grimmpreises des DAAD und des dazugehörigen Förderpreises: Dies ist in mancherlei Hinsicht etwas Besonderes.

Zum einen ist es eine besondere Ehre, diesen Preis, der renommierte Germanisten aus nicht-deutschsprachigen Ländern ehrt, vor *dem* internationalen Fachpublikum zu verleihen, das aus Anlass des IVG-Kongresses hier zusammengekommen ist – wo sonst fände sich ein Publikum, das die Leistungen der diesjährigen Preisträger so zu schätzen vermag, und ein würdigerer Rahmen für diese Zeremonie?

Zum anderen freue ich mich, dass wir hier in den Räumen der Tongji-Universität zu Gast sein dürfen; einer Einrichtung, die in ihrer mehr als hundertjährigen Geschichte der deutschen Sprache und Kultur immer eng verbunden war und auch heute zu den wichtigsten Partnern für den akademischen Austausch zwischen Deutschland und China zählt. Für die Gastfreundschaft und die tatkräftige Unterstützung möchte ich Ihnen, sehr geehrter Herr Vizepräsident Wu, und Ihnen, sehr geehrter Herr Professor Zhu, an dieser Stelle besonders herzlich danken!

Austausch, auch und vor allem akademischer Austausch, lebt von gemeinsamen Sprachen. Spätestens seit seiner Neugründung 1950 verfolgt der DAAD daher das Ziel, die deutsche Sprache an Hochschulen weltweit zu fördern – nicht in Konkurrenz zu anderen Wissenschaftssprachen, aber doch mit der Überzeugung, dass Sprache und Wissenschaft eng genug miteinander verknüpft sind, um Sprachenvielfalt in der Wissenschaft zu fördern und zu erhalten.

Insofern ist die heutige Konstellation bemerkenswert: Wir sind in der Lage, als deutsche Institution einen internationalen Forschungspreis zu verleihen – in China, an Preisträger aus Brasilien und Kenia, vor internationalem Publikum. Und wir können dies in deutscher Sprache tun. Dass dies möglich ist, verdanken wir Ihnen, sehr verehrte Kolleginnen und Kollegen aus dem Fach Germanistik, und in ganz herausgehobener Weise den diesjährigen Preisträgern – verehrter Herr Soethe, verehrter Herr Ikobwa.

Sie kommen beide aus Ländern, in denen das Interesse an der deutschen Sprache vielfältig ist und von der akademischen Beschäftigung mit Sprache, Literatur und Kultur über anwendungsbezogene Themen bis hin zu der Frage reicht, wie die Wechselwirkungen zwischen unterschiedlichen Sprachen zur Identität ihrer jeweiligen Länder und zur deutschen Identität beitragen. Dass Sie beide sich nicht auf eine dieser Fragestellungen festgelegt haben, sondern in unterschiedlichen Themengebieten zu Hause sind, macht den besonderen Reichtum Ihrer Arbeit aus, für die wir Sie beide heute ehren wollen.

Dass Sie, lieber Herr Ikobwa, sich neben Ihrer literaturwissenschaftlichen Arbeit für die regionale Vernetzung der Germanistik in Ostafrika und darüber hinaus einsetzen, ist besonders in einer Region von Bedeutung, in der das noch relativ junge Fach Germanistik gerade von der Etablierung neuer Netzwerke lebt. Für dieses Engagement möchte ich Ihnen an dieser Stelle besonders danken.

Ihnen, lieber Herr Soethe, gelingt es auf beeindruckende Weise, der deutschen Sprache und vor allem Literatur Themen abzugewinnen, die nicht nur, aber vor allem in Ihrem Land von gesellschaftlichem Interesse weit über die Grenzen des Fachs hinaus sind. Zudem setzen Sie sich dafür ein, dass an den Hochschulen in Brasilien auch Studierende ganz anderer Fächer Deutsch lernen können – ein Engagement, das der wissenschaftlichen Kooperation zwischen Deutschland und Brasilien in allen Fächern zugutekommt!

Wenn Thomas Mann einst in einem Interview in der New York Times sagte: „Where I am, there is Germany. I carry my German culture in me", so tat er dies (in englischer Sprache!) vor dem Hintergrund einer katastrophalen weltpolitischen Lage – der so genannte „Anschluss" Österreichs an das nationalsozialistische Deutschland war gerade erfolgt – und einer, wie er selbst sagte, „vergifteten Atmosphäre" in Deutschland. Sie, lieber Herr Soethe, erforschen heute in Ihrem Projekt „Archiv.br" in Kooperation mit internationalen Partnern wie dem Deutschen Literaturarchiv in Marbach den Beitrag deutscher Exilanten zur Entwicklung der brasilianischen Zivilgesellschaft. Ich verstehe dieses Projekt und diese Forschungsrichtung in zweifacher Hinsicht als Ermunterung:

Ermunterung zum einen, noch mehr darüber nachzudenken, welche Wirkungen internationale Einflüsse auf unsere Kultur haben, und – im Rahmen der Aufgaben des DAAD – Internationalisierung immer wieder zu ermöglichen und ihre bereichernden Effekte zu vertreten.

Ermunterung zum anderen aber auch, den kritischen Blick, den Sie alle haben – die diesjährigen Grimmpreisträger, das hier versammelte Fachpublikum und vor allem diejenigen unter Ihnen, die wir in der Vergangenheit mit diesem Preis auszeichnen durften und die ich hier besonders herzlich begrüßen möchte – immer wieder zu schärfen und bewusst zu suchen. Zivilgesellschaft lebt nicht zuletzt auch von der kritischen Beschäftigung mit der eigenen Kultur, und der Beitrag der Germanistik weltweit zu dieser Aufgabe ist kaum hoch genug zu schätzen.

Abschließend gilt mein besonderer Dank den Kolleginnen und Kollegen des Generalkonsulats, der Alexander von Humboldt-Stiftung und des Goethe-Instituts. Ich freue mich, dass unsere gemeinsame Arbeit heute darin sichtbar wird, dass wir diesen Nachmittag und Abend als „Deutschen Tag" gemeinsam organisieren konnten und die Arbeit unserer jeweiligen Organisationen so in einem größeren Zusammenhang sichtbar wird. Für die Grimmpreisverleihung des DAAD, den gemeinsamen Empfang unserer Häuser und das vom Goethe-Institut organisierte Konzert wünsche ich Ihnen allen nun viel Vergnügen und einen sehr schönen Abend!

Jörn Beißert

2. Grußwort des amtierenden Generalkonsuls der Bundesrepublik Deutschland in Shanghai

Sehr geehrte Professorin Wintermantel,
sehr geehrter Professor Soethe,
sehr geehrter Dr. Ikobwa,
sehr verehrte Gäste, meine Damen und Herren,

„Es dünkt mich, dass der Trieb des Lernens heftiger ist und wirksamer ist als der Erfolg der Lehre" – so umschreibt Jacob Grimm den Spagat zwischen Forschung und Lehre, der die akademische Welt so häufig zu teilen scheint.

Mich freut es daher, dass dem Preisträger des 21. Jacob- und Wilhelm-Grimm-preises, Professor Soethe, und dem Preisträger des Jacob- und Wilhelm-Grimm-Förderpreises, Dr. Ikobwa, beides gleichermaßen am Herzen zu liegen scheint. Beide bemühen sich neben ihrer Forschungstätigkeit mit großem sprachpolitischen Engagement um die Zukunft von gut ausgebildeten Deutschlehrern und Deutschdozenten. Ihnen beiden gratuliere ich herzlich zu dieser wohlverdienten Auszeichnung.

Meine Damen und Herren,

in einer immer kleiner werdenden Welt spielt die globale Kommunikation eine immer größer werdende Rolle. Über soziale Medien, das Internet aber auch die alt bewährte Telekommunikation können wir uns jederzeit an nahezu jedem Ort der Welt mit jedem uns wichtigen Menschen austauschen. Grundlage für die Nutzung jeglicher neuer Kommunikationswege bleibt aber eine gemeinsame Sprache. Am häufigsten wird dabei in englischer Sprache kommuniziert, knapp gefolgt vom Mandarin unserer chinesischen Gastgeber.

Und das Deutsche? Deutsch erreicht als Internetsprache immerhin den 7. Platz. Ich sehe dies als Beleg dafür, dass das Erlernen und Verbreiten unserer Sprache weiterhin von großer Bedeutung ist und kann Sie alle nur ermuntern, Ihre Tätigkeit weiterhin engagiert fortzuführen.

Dass das Deutsche auch international seine Rolle als Kommunikationsmedium behält, dafür leisten Sie alle – nicht nur die heute geehrten Preisträger – einen wichtigen Beitrag. Wir in Deutschland sind Ihnen sehr dankbar dafür.

Meine sehr geehrten Damen und Herren,

ich freue mich darüber, dass die heutige Preisverleihung des Jacob- und Wilhelm-Grimmpreises einen sehr schönen und würdevollen Auftakt zum „Deutschen Tag“ beim 13. Weltkongress der Internationalen Vereinigung der Germanisten bildet.

Ich hoffe, Sie zusammen mit unseren Partnern – dem Deutschen Akademischen Austauschdienst, der Alexander-von-Humboldt-Stiftung und dem Goethe-Institut – anschließend bei unserem gemeinsamen Empfang anlässlich des Germanistenkongresses begrüßen zu können.

Vielen Dank!

Prof. Dr. Wilhelm Voßkamp

3. Laudatio auf den Preisträger Professor Dr. Paulo Astor Soethe

Man kann sich kaum einen geeigneteren und würdigeren Preisträger für den diesjährigen Jakob und Wilhelm Grimm-Preis vorstellen als Paulo Astor Soethe, den ebenso gebildeten wie international orientierten und vernetzten brasilianischen Germanisten aus Curitiba. Prof. Soethe lässt sich ohne Übertreibung als ein Repräsentant jenes interkulturellen Universums bezeichnen, das Brasilien heißt. Er verkörpert in seiner Person als Forscher, Lehrer und Wissenschaftspolitiker jene Doppelheit von Traditionsbewusstheit und innovativer tätiger Haltung, die ganz der Gegenwart gehört. Wenn Hans Georg Gadamer zu Recht betont hat, dass es keine Zukunft ohne Herkunft gibt, so kann man dies an der Person und den Verdiensten von Paulo Soethe ablesen. Er vertritt – um auf die Namensgeber dieses Preises: die Brüder Grimm (mit ihrer Sammelleidenschaft und ihrem enzyklopädischen Sprach- und Sprachgeschichtsbewusstsein) anzuspielen – ein gleichermaßen konservatives wie revolutionäres Lebens- und Arbeitskonzept.

In Curitiba (Südbrasilien) geboren, studierte Paulo Astor Soethe an der dortigen Bundesuniversität von Parana (UFPR) Germanistik und wurde 1999 mit einer Arbeit über Thomas Manns *Der Zauberberg* und Joao Guimaraes Rosas *Grande Sertao* an der Universität von Sao Paulo (der berühmten USP) promoviert. Hier hatte ich das Glück, ihn als einen herausragenden Studenten während meiner damaligen Gastprofessur kennenzulernen. Während der Promotionszeit war Prof. Soethe mit einem Stipendium des DAAD und dem brasilianischen CAPES zu einem einjährigen Forschungsaufenthalt an der Universität Tübingen zu Gast, und von 2005–2006 forschte er als Alexander von Humboldt-Stipendiat erneut an dieser Universität.

Paulo Astor Soethe lehrt heute an der Universität von Parana, wo er auch das deutsch-brasilianische Kooperationszentrum (CCIBA) leitet und immer wieder wichtige deutsche literarische und philosophische Werke von Heinrich Böll, Karl Otto Apel und Jürgen Habermas ins Portugiesisch-Brasilianische übersetzt. Schwerpunkte seiner Lehre sind Literatur und Ethik, literarische Raumtheorien und die interkulturellen Beziehungen zwischen Deutschland und Brasilien. Dabei spielen Thomas Mann und der wichtige brasilianische Schriftsteller Joao Guimaraes Rosa eine Hauptrolle.

Ausgangspunkt dafür ist Soethes komparatistische und fachübergreifende Dissertation über „Ethos, Leib und Umgebung. Ethische Aussagekraft der Raumgestaltung in *Der Zauberberg* und *Grande Sertao*". In dieser großangelegten Arbeit behandelt Prof. Soethe die Gestaltung des Raumes in den Romanen *Der Zauberberg* und *Grande Sertao: veredas* (1956) von J. G. Rosa. Raum wird als die Gesamtheit von Aussagen über die Wahrnehmung der ihn einschließenden Welt und der Körperlichkeit der in ihm dargestellten literarischen Figuren bestimmt. Der Begriff des Raums bezieht sich auf das griechische Wort „Ethos" (als „Behausung" und „Sitte") als Grundlage für die Untersuchung der ethischen Aussagekraft eines in der Literatur entworfenen Raums in diesen beiden großen Romanen des 20. Jahrhunderts. Den engen Zusammenhang zwischen der literarischen Raumgestaltung und dem ethisch-moralischen Sinn der Romane von Thomas Mann und Joao Guimaraes Rosa herauszuarbeiten, ist dabei das eigentliche Ziel.

Über Thomas Manns Roman wird man hier unter Germanisten wenig sagen müssen, mehr (vermutlich) über den ebenso umfangreichen Roman von Joao Guimaraes Rosa, der in einer spärlich besiedelten Landschaft des brasilianischen Nordostens, dem Sertao, spielt, der als eine Art Hinterland Brasiliens gilt. Der Hauptprotagonist erzählt seine abenteuerliche Geschichte als Mitglied einer gesetzlosen Bande, den „Jaguncos", im Dienste von Großgrundbesitzern und rivalisierenden Politikern, die sich unter einander oder auch mit den Regierungstruppen immer wieder Kämpfe liefern. In einem offenen inneren Monolog, der zugleich als Dialog mit dem Leser angelegt ist, werden wichtige punktuelle Parallelen zwischen der Hauptfigur Riobaldo und dem Thomas Mannschen Protagonisten Hans Castorp gezogen, vornehmlich im Horizont ihres stets wieder erkennbaren klassischen Vorbilds des Wilhelm Meister im gleichnamigen Roman von Johann Wolfgang Goethe. Deutlich wird, wie der kulturelle und natürliche Raum als Ausgangspunkt für ethische Fragen und die Herausbildung einer ethischen Haltung konstitutiv ist. So unterschiedlich dem Leser zunächst die beiden Romane erscheinen mögen, desto mehr wird zunehmend deutlich, welche spannenden und weiterführenden Fragen mit der Darstellung des literarischen Raums unter intertextuellen und kulturellen Gesichtspunkten erkennbar sind.

Die Doktorarbeit von Paulo Soethe ist ein Musterbeispiel für jene Form der ‚Übersetzung' in einem weiteren und übertragenen Sinn, die heute von größter Bedeutung ist. Es geht dabei stets auch um die Übersetzung kultureller Traditionen in die aktuelle Gegenwart und damit um die Öffnung von ‚Archiven' in einer heute häufig traditionsvergessenen Gesellschaft. Dazu gehört auch das zusammen mit Frido Mann (einem Enkel von Thomas Mann) und Karl-Josef Kuschel vorgelegte Buch von Paulo Soethe über die Mutter von Heinrich und Thomas Mann: Julia da Silva-Bruhns, die die prägenden Jahre ihrer Kindheit in Brasilien verbrachte und ihr „Mutterland", wie Thomas Mann zu sagen pflegte, mit nach Lübeck nahm. Das Buch geht den Spuren nach, die Brasilien in der Schriftsteller-Familie Mann hinterlassen hat. Man macht unerwartete Entdeckungen durch das Freilegen unveröffentlichter Dokumente, die zugleich Seitenblicke auf weitere Brasilien-Texte der deutschen Literatur des 20. Jahrhunderts ermöglichen, unter anderem auf Stefan Zweig.

Das gibt mir Gelegenheit, in diesem Zusammenhang auf ein aktuelles Archivprojekt hinzuweisen. Es geht um ein gemeinschaftliches trilaterales Forschungsvorhaben der Universität von Parana, des deutschen Literaturarchivs in Marbach und der Universität zu Köln, in dem offenbar wird, wie entscheidend deutschsprachige Menschen an der Strukturierung der brasilianischen Gesellschaft seit dem 19. Jahrhundert beteiligt sind. Schließlich kommt ein weiteres Projekt zum „Archi(v)pel Literatur" hinzu, in dem die literarischen Beziehungen zwischen Brasilien und dem deutschsprachigen Europa in Zusammenarbeit mit der Universität Potsdam untersucht werden.

Nun wäre es eine unzulässige Verkürzung – geradezu eine Halbierung – der Verdienste von Paulo Soethe, wenn man lediglich seine literatur- und kulturwissenschaftlichen Forschungen und Forschungsprojekte hervorheben würde. Stets hat sich Prof. Soethe intensiv um aktuelle Fragen der Lehre und Ausbildung gekümmert und damit um den Deutschunterricht in Brasilien und Lateinamerika. In einem Beitrag über die Forschungsperspektiven und die Anschlussfähigkeit einer international vernetzten Germanistik in Lateinamerika spricht er einmal davon, dass die Situation „an sich problematisch genug [sei] – aber genau daher verheißungsvoll". Diese Formulierung ließe sich aufs Beste als Motto und Zusammenfassung für jene Aktivitäten charakterisieren, die Paulo Soethe in den letzten Jahren entfaltet hat. Er geht stets von den konkreten Verhältnissen und Konstellationen vor Ort aus und entwickelt von daher höchst produktive Perspektiven nicht nur für sein Heimatland. So ist etwa zu bedenken, dass Deutsch in Brasilien aus eigenkultureller Sicht noch immer ein hohes Ansehen genießt. Ein bedeutsamer Teil der Bevölkerung hat diese Sprache bis zu ihrem Verbot durch die Militärdiktatur des Vargas-Regimes im Jahre 1937 im brasilianischen Alltag verwendet. Die Sprache prägt bis heute auf positive Weise Familiengeschichten von ungefähr 6 Millionen Brasilianern. Deutsch war außerdem eine wichtige Fremdsprache für progressive Intellektuelle, die bis heute in der brasilianischen Öffentlichkeit in hohem Ansehen stehen. Zu nennen sind etwa der schon erwähnte Autor Joao Guimaraes Rosa oder der vermutlich Vielen bekannte Mario de Andrade.

Wie geht man mit diesem Erbe konkret und weiterführend um? Zu Recht betont Soethe, dass es um eine Verbesserung des Deutschunterrichts gehen muss und damit um die Ausbildung und Fortbildung von Deutschlehrern. Und hier ist viel Positives etwa in Fortbildungsseminaren oder Deutschkursen in eingerichteten Sprachenzentren erreicht worden. Dazu gehört aber auch ein Austausch in Seminaren etwa mit Leipzig und Wien. Besonders erwähnenswert finde ich das Konzept einer Zusatzqualifikation in Deutsch für Englischlehrer, das bei den Schulbehörden viel Resonanz findet. Aus der Sicht des brasilianischen Staates geht es darum, die eigenen verbeamteten Lehrer weiterzubilden, um sie damit zur Mehrsprachigkeit zu qualifizieren. Dadurch könnte in the long run nicht nur das Schulsystem erneuert, sondern auch die Sprachausbildung etwa unter fachdidaktischen Gesichtspunkten verbessert werden.

Wenn hier attraktive Modelle für eine bessere Sprachausbildung für Deutsch als Fremdsprache entwickelt und praktiziert werden, hat dies über den im engeren Sinn brasilianischen Kontext hinaus eine wichtige beispielhafte internationale, kosmopolitische Bedeutung. Hingewiesen werden soll aber auch auf die für Paulo Soethe besonders wichtigen Kooperationspartnerschaften, die weit über den sprachlich-kulturellen Bereich hinausgehen, etwa Kooperationen zwischen dem Bundesstaat Parana und Baden-Württemberg oder einer Partnerschaft zwischen der bundesstaatlichen Universität UNICENTRO in der kleinen Stadt Irati und der forstwirtschaftlichen Hochschule in Rottenburg. Wissenschaftler und Studenten arbeiten unmittelbar mit Landwirten zusammen, auf deren kleinen bis mittleren Landgütern in der ärmsten Region des Staates Parana Wälder gepflegt und wieder aufgeforstet werden. Damit wird nicht nur die Umwelt erhalten, auch die Einkünfte der Bauern werden verbessert.

Hier kann man ganz konkret und ohne Übertreibung von einem Weg Paulo Soethes in die ‚Lebenswissenschaften' sprechen. Räume in Bewegung zu bringen heißt das Ziel, und die Literatur kann eine Art intellektuelles Laboratorium bilden, in dem solche Möglichkeiten offenbar werden. Dies geht nur mit dem „Gefühl einer höheren Zuversicht" (Stefan Zweig), durch das Paulo Soethe geprägt ist. Er verbindet auf bewundernswerte Weise politisches Geschick mit freundlich-souveräner Konzilianz, die vorbildlich genannt werden kann.

Ruhe und Sesshaftigkeit sind seine Sache nicht, und deshalb ist er weltweit unterwegs. Doch wenn Sie das Glück haben, einmal bei Paulo Soethe in Curitiba zu Gast zu sein, so werden Sie mit Sicherheit auch in seinen Lieblingspark eingeladen, einen der schönsten städtischen Parks in Südamerika und – wen wundert es – natürlich gibt es auch hier einen Märchenwald zu bestaunen.

Und damit sind wir wieder bei den Brüdern Grimm angelangt. Wenn die seit langem angekündigte Jakob und Wilhelm Grimm-Welt demnächst in Kassel eröffnet wird, so war und ist sie im brasilianischen Curitiba längst lebendig.

Ich gratuliere meinem Kollegen und Freund Paulo Astor Soethe zu seinem hochverdienten Preis und wünsche ihm auch in Zukunft viel Erfolg, der nur mit seinem Elan und einer nicht versiegenden Zuversicht erreicht werden kann.

Unveränderter Abdruck der auf www.daad.de veröffentlichten Rede. URL: https://www.daad.de/medien/der-daad/unsere-aufgaben/deutsche-sprache/pdfs/daad_jacob-und-wilhelm-grimm-preis-2015_laudatio.pdf (7.12.2015)

Prof. Dr. Helmut Schwarz

4. Gratulation durch den Präsidenten der Alexander von Humboldt-Stiftung

Verehrter Kollege Soethe,
liebe Margret Wintermantel,
meine Damen und Herren:

welch' große Ehre und Freude, Ihnen, lieber Paolo, in diesem feierlichen Rahmen auch im Namen der Alexander von Humboldt-Stiftung zum Jacob- und Wilhelm-Grimm-Preis öffentlich gratulieren zu dürfen! Den ehrenden Worten von Präsidentin Wintermantel und Wilhelm Voßkamps berührender Laudatio kann ich nur aus vollem Herzen zustimmen.

Meine Freude über diese Preisverleihung ist zuallererst einmal pure Mitfreude. Mitfreude mit Ihnen, Paolo; denn gute Forschung kommt von Herzen, und die mit dem Preis verbundene internationale Anerkennung Ihrer Forschung wird auch Ihnen, so denke ich, zu Herzen gehen. Es ist aber auch eine Freude für die Stiftung, mit dieser Ehrung ihr Bemühen belohnt zu sehen, ihre langjährige wissenschaftliche Verbindung mit Kollegen in Deutschland unterstützt zu haben.

Dass die Förderstrategie der Humboldt-Stiftung – fördere Individuen und keine Projekte – funktioniert und reiche Früchte trägt, dafür sind Sie, lieber Paolo, ein wunderbares Beispiel! Vor ziemlich genau zehn Jahren kamen Sie als Forschungsstipendiat der Stiftung nach Deutschland, nach Tübingen. Dort waren Sie bereits zuvor, ermöglicht durch ein DAAD-Stipendium, promoviert worden – hierin wird exemplarisch die funktionierende Zusammenarbeit und Verzahnung zwischen dem DAAD und der Humboldt-Stiftung erneut sichtbar, also zwischen dem großen Bruder in der John-F.-Kennedy-Allee und seiner kleinen Schwester in der beschaulichen Jean-Paul-Straße in Bad Godesberg. Gäbe es doch nur mehr Beispiele einer sich gegenseitig so bereichernden Zusammenarbeit! Den Kontakt nach Deutschland und zur Stiftung haben Sie immer intensiv gepflegt: Mehrmals hielten Sie sich zu Forschungsaufenthalten bei uns auf und haben Ihre Zusammenarbeit stetig erweitert und vertieft; sie sind zu einem überaus geschätzten Humboldtianer geworden, zu einem Partner und Freund in Brasilien, zu einem Botschafter Deutschlands!

Lieber Paolo, die Preisverleihung des Grimm-Preises heute stellt einen besonderen Moment in Ihrem Leben dar, werden Sie doch als Germanist und Literaturwissenschaftler von allererstem Rang gewürdigt. Diese Ehrung ist ganz allein Ihr Erfolg. Die Freude und der Stolz bei uns in der Humboldt-Stiftung rühren einfach daher, dass mit einer solchen Würdigung indirekt auch die Sinnhaftigkeit unserer Förderarbeit bestätigt wird – mit Ihrem Stern erstrahlt sozusagen ein weiterer Stern am Humboldt-Firmament.

Ihr Stern, lieber Paolo, funkelt heute besonders hell und schön, lassen Sie ihn auch in Zukunft erstrahlen! Ich gratuliere Ihnen nochmals von ganzem Herzen und wünsche Ihnen im Namen der Alexander von Humboldt-Stiftung alles Gute; Sie sollten wissen, dass wir stolz auf Sie sind und uns auf die weitere Zusammenarbeit mit Ihnen freuen.

Paulo Astor Soethe

5. Festvortrag des Preisträgers

Im Netz der Meister: Germanistik mit Weitsicht

Meinem Vater, Hermes Astor Soethe, zum Gedenken

„O destino flui, o homem flutua": „Das Schicksal fließt, der Mensch schwebt", schrieb der große brasilianische Romancier João Guimarães Rosa in einer seiner so genannten „deutschen Kurzgeschichten". – Sie können es sich vorstellen, liebe Kolleginnen und Kollegen, liebe Freunde, wie ich mich heute fühle: Glücklich und dankbar wie damals, als kleiner Junge, von meinem Vater fürsorglich getragen, schwebend in einem göttlichen Element der Zuversichtlichkeit, umschlungen von mitmenschlicher Liebe, wie im Bild aus meiner Kindheit, das Sie gerade sehen.

Ja, liebe Kolleginnen und Kollegen, meine Damen und Herren, „herzherzlich" darf ich am heutigen Abend diese Rede halten, wie Curt Meyer-Clason die an die deutsche Sprache angelehnte Wortschöpfung des Guimarães Rosa, „coraçãomente" (< herz-lich), ins Deutsche *zurück*übertragen hat.

Mit meinem Wort des Dankes darf ich Sie herzherzlich grüßen, sehr geehrte, liebe Frau Prof. Margret Wintermantel: Ich danke Ihnen, dem Beirat Germanistik, hier namentlich Prof. Christian Fandrych, Prof. Gerhard Lauer und Prof. Marina Foschi, und dem Deutschen Akademischen Austauschdienst, der mich mit der Verleihung des Jacob- und Wilhelm-Grimm-Preises so froh macht – und vor allem zur Weiterarbeit ermutigt.

Als Stipendiat des DAAD habe ich 1992 Deutschland zum ersten Mal besucht, zu einem Studienaufenthalt bei Volker Neuhaus in Köln, dann während der Promotion bei Karl-Josef Kuschel ein Forschungsjahr in Tübingen verbracht. (Karl-Josef Kuschel wurde apropos zu einem meiner besten Freunde und zum ständigen akademischen und wissenschaftlichen Gesprächspartner, in seiner unermüdlichen Arbeitsamkeit, menschlichen Sensibilität und intellektuellen Akribie ein Vorbild fürs Leben.) Dank der Programme des DAAD und mit Unterstützung unserer DAAD-Lektoren an der UFPR – Andreas Sielaff und Carmen Schier möchte ich hier stellvertretend erwähnen – konnte ich hochangesehene Kollegen, die zumeist auf Einladung der Universität São Paulo in Brasilien waren, für Vorträge und Kompaktseminare in Curitiba gewinnen: u. a. Gerhard Neumann, Hartmut Eggert, Wilhelm Voßkamp, Ernest Hess-Lüttich. Mit Mitteln des DAAD und seines brasilianischen Partners CAPES durfte ich Symposien und Tagungen organisieren, in Kooperation mit Werner Heidermann und Barbara Wotjak einen Studentenaustausch zwischen Curitiba bzw. Florianópolis und Leipzig koordinieren, später mit Erwin Tschirner den bilateralen Masterstudiengang in Deutsch als Fremdsprache, und heute mit dem international hochangesehenen Romanisten Ottmar Ette ein Forschungsprojekt für Doktoranden und Postdocs. An wie vielen Tagungen konnte ich mit der Unterstützung des DAAD teilnehmen! Wie viele Kollegen und Freunde in Lateinamerika konnte ich kennen lernen auf Kongressen des dortigen Germanistenverbands, in Deutschland und weltweit z. B. bei Tagungen der Gesellschaft für interkulturelle Germanistik: u. a. Dieter und Marlene Rall, Renate Koroschetz, Orquidea Piño, Mario Lopez Barrios, Adriana Massa, Lila Bujaldón, Olivia Díaz Pérez, Regula Rohland und Miguel Vedda in Lateinamerika; und weltweit Carlotta von Maltzan, Claus Altmayer, Andreas Kelletat, Andrea Bogner, Vibha Surana, Ortrud Gutjahr, Klaus Scherpe, Alexander Honold, Gesine Schiewer, Karin Kleppin, Hermann Funk, Paul Michael Lützeler, Peter Colliander, Ewald Reuter, Dieter Heimböckel. Dank des DAAD konnte ich immer wieder meine eigenen Dozenten und Kollegen aus den verschiedenen Regionen in Brasilien auch im Kontext der internationalen Wissenschaft erleben: mit der Bewunderung des Schülers Elvira Horstmeyer, João Alfredo Dal Bello, Eloá Heise und Willi Bolle; außerdem die Kollegen Tito Livio Cruz Romão, Karin Volobuef, Marcus Mazzari, Cleo Altenhofen, Gerson Neumann, Karen Spinassé, Juliana Perez, Markus Weininger, Elcio Cornelsen, Magali Moura, Luiz Montez, Günter Pressler, Paulo Oliveira, Susana Kampff Lages, Johannes Kretschmer, Rosani Umbach, Selma Meireles, Henrique Janzen sowie Kollegen, die in Brasilien tätig waren und sich später in Europa in akademisch, wissenschaftlich und wissenschaftspolitisch wichtigen Stellen etabliert haben wie Christian Müller, den ich hier sehr herzlich grüßen darf, Hardarik Blühdorn und Kathrin Sartingen. Für die Auszeichnung durch den Preis, liebe Frau Wintermantel, danke ich dem DAAD am heutigen Abend, ebenso – und immer wieder – aber auch für die Möglichkeit der vielen *Begegnungen* und des Dialogs mit besonderen Menschen, die auch zumeist zu guten Freunden geworden sind.

In dieser Hinsicht, sehr geehrter, lieber Herr Prof. Helmut Schwarz, grüße ich auch Sie herzherzlich und darf mich in diesem Zusammenhang bei der Alexander von Humboldt-Stiftung bedanken für deren große Unterstützung in den letzten 10 Jahren. Ohne ein Humboldtianer zu sein, hätte ich meine akademische und wissenschaftliche Tätigkeit nicht in der Form ausüben können, wie ich es getan habe. Ich hätte wahrscheinlich auch nicht die Ehre gehabt, den ehemaligen Präsidenten der Humboldt-Stiftung und großen Germanisten Wolfgang Frühwald persönlich kennen gelernt zu haben, den ich hier auf dem Kongress der IVG in

Erinnerung an seinen 80. Geburtstag vor drei Wochen mit großer Herzlichkeit erwähnen möchte.

Die Synergien zwischen dem DAAD und der Humboldt-Stiftung sind bewundernswert, sie sind für den Menschen und Wissenschaftler eine Himmelsgabe, für den auswärtigen, aufmerksamen Beobachter aus Brasilien sind sie aber auch forschungs- und staatspolitisch vorbildlich und wegweisend.

Es war apropos Herr Prof. Wilhelm Voßkamp derjenige, der mich zum ersten Mal bei einem seiner vom DAAD finanzierten Aufenthalte in São Paulo auf die Humboldt-Stiftung aufmerksam gemacht hat. Für Ihre lieben Worte in der Laudatio, lieber Prof. Voßkamp, kann ich nicht genug dankbar sein, und ich hatte schon vorher für so viel zu danken: Das einmalige Seminar zum Bildungsroman und zu Musils *Der Mann ohne Eigenschaften* an der Universität São Paulo, den unvergessenen akademischen Besuch in Curitiba in Begleitung von Frau Voßkamp – die ich hier auch herzlich grüßen darf –, die vielen für meine eigene menschliche und intellektuelle Bildung und für die Arbeit meiner Doktoranden zentralen Publikationen zur Utopieforschung und zur Geschichte der Germanistik.

Mein Leben ist geprägt von glücklichen, mir geschenkten Begegnungen, und weil mich jede dieser Begegnungen zutiefst geprägt hat, wurde auch jede zu einem Knoten, von dem aus – wie ich erst im Nachhinein merkte – viele Fäden ausgingen, die zu weiteren Knoten führten, zu denen ich auch gelangen durfte – sei es aufgrund dieser vorherigen Begegnung selbst, sei es durch indirekte, unergründliche Wege. Sehr früh habe ich Italo Calvinos *Die unsichtbaren Städte* gelesen, und mich hat das Bild der Stadt Ercilia tief beindruckt. Dieses literarische Bild der Figuration des individuellen und kollektiven Lebens als vielfache Beteiligung an einem Gewebe von Beziehungen trage ich im Bewusstsein seit meiner frühen Jugend, schon bevor das „Netz" und das „Netzwerk" zu zentralen Begriffen in unserem Alltag geworden sind.

Ich bin in der Tat vielen meisterlichen Figuren begegnet. Und jetzt heißt meine Rede „Im Netz der Meister: Germanistik mit Weitsicht". – Nein, ich wurde durch diese Begegnungen, die mich sehr erfreuten, in keinem Netz eingefangen, ich bin eher freundlich darauf aufmerksam gemacht worden, dass echte Meister sich selbst nicht so bezeichnen und eher auf die Gefahr selbsternannter Meister aufmerksam machen: Auch der Tod kann ein Meister aus Deutschland sein ... Aber nein, das Wort Meister, wie die deutsche Sprache, ist nicht für immer verloren gegangen. Ich habe ja meine Meister gehabt, und dass ich zwischen Meistern und Meistern unterscheiden kann, verdankt sich großzügigen und prophylaktischen Gesten der Freundschaft meiner wirklichen Meister, die lieber „Kollegen" und „Freunde" genannt werden wollten.

Denn wichtig ist für uns Philologen sowieso *das Werk*: Dass das bidimensionale Netz zu einem multidimensionalen Netz*werk* wird; dass wir im Bewusstsein dessen zusammenarbeiten, dass wir uns aus einem doppelbödigen Netz der Meister ganz herauslösen und zu einem dynamischen, multidimensionalen Netzwerk gelangen, wo die wahren, schweigsam und herzherzlich anerkannten Meister geehrt werden können.

Gerhard Neumann sagte mir einmal auf einem Spaziergang im Englischen Garten in München, dass neue Impulse für die Germanistik aus dem Ausland kommen würden. Ich hielt das damals für eine großzügige, diplomatische Geste dem viel jüngeren Kollegen gegenüber, brachte das auch zur Sprache in meinem damals gar nicht so fließenden Deutsch, und Herr Neumann sagte mir, er meine das sehr ernst. Ich glaube, ich habe dies erst nach mehreren Jahren richtig verstanden, und seine Worte sind mir zu einer großen Lehre geworden: Er war – wie andere wahre Meister, die ich bereits erwähnt habe und noch erwähnen werde – bereit, mit jüngeren Kollegen zu sprechen im Bewusstsein dessen, dass wir „ein Gespräch sind und hören voneinander", und im Bewusstsein dessen, dass eine Erweiterung, Erneuerung und Kontinuität unseres Faches im Internationalisierungsprozess der Wissenschaft allein mit dem Beitrag einer Weitsicht von fernen Ländern gewährleistet werden kann.

Diese fernen Länder sind für uns Germanisten in Lateinamerika auch Deutschland, Österreich, die Schweiz. Und die große Kunst in unsrem Gespräch – in diesem Gespräch, das wir sind – ist, dass wir wissenschaftlich, bildungs- und forschungspolitisch relevante und anschlussfähige Fragen, Themen, Probleme und Methoden finden, die uns alle und unsere Institutionen motivieren, in gemeinsame Programme und Projekte Kraft, Zeit und Ressourcen zu investieren – möglichst in Zusammenarbeit mit feinsinnigen Dialogpartnern in der Wirtschaft, wie in meinem Fall Johannes Kärcher, dem ich hier dankend und mit großer intellektuellen Bewunderung erwähnen darf.

Meine literarischen Meister, denen ich mich seit Jahren widme, Thomas Mann insbesondere, waren Meister der Selbstironie. Sie haben die Doppelbödigkeit ihrer Werke und ihrer Handlungen literarisch in meisterhafter Form dargestellt. Am Anfang kam ich naiv zu ihnen und wollte sie vergötzen. Sie haben sich meiner naiven Lektüre entzogen, und ihre Werke haben mir zudem beigebracht, wie vielfältig und ambivalent auch die literarischen Diskurse sind, die im Gewebe der gesellschaftlichen Diskurse entstehen, dort rezipiert werden und diese Gewebe zugleich selbst mitgestalten wollen.

Im Umgang mit den Autoren habe ich gelernt, dass die Erforschung der Beziehungen von Thomas und Heinrich Mann zu Brasilien bzw. von Guimarães

Rosa zu Deutschland die Komplexität der Geschichte meines eigenen Landes bloßlegt und dort Anknüpfungspunkte für die germanistische Zusammenarbeit mit anderen wissenschaftlichen Disziplinen deutlich macht, unter anderem in intensiver Form mit der deutschen Romanistik (ich darf in dem Zusammenhang nochmals sehr herzlich meinen Kollegen Ottmar Ette erwähnen sowie meine Kollegin Susanne Hartwig) oder der brasilianischen Geschichte und Literaturwissenschaft, aber auch für die Zusammenarbeit mit der Germanistik weltweit. Denn für das deutschsprachige Europa und andere Länder sind diese Themen und die damit verbundenen Dokumente und Reflexionen von großem Interesse. Im Kampf gegen den Totalitarismus z. B. gerieten Heinrich, aber dann zum ersten Mal auch Thomas Mann in Kontakt mit Lateinamerika, und dabei reflektierten sie über die Bedeutung der Internationalität in der eigenen Familiengeschichte – was sich bis heute beispielsweise in der Präsenz von Frido Mann in der deutschen und brasilianischen Öffentlichkeit positiv auswirkt.

Im Gespräch mit antifaschistischen Gruppen in Brasilien, die ihrerseits in der damaligen Zeit ebenso unter einer Diktatur lebten, tragen Heinrich und Thomas Mann heute dazu bei, dass Brasilien die Vergangenheitsbewältigung seiner eigenen, nicht wenig von Diktatur und Rassismus geprägten Geschichte der 1930er und 1940er Jahre betreiben kann.

João Guimarães Rosa, der zu dieser Zeit, von 1938–1942, in Hamburg als Diplomat wirkte, liefert in seinem Werk literatisches Wissen darüber, inwiefern auch Brasilien in seiner eigenen Immigrationspolitik rassistisch und antisemitisch handelte.

Der Brasilienbesuch von Aleida und Jan Assmann im Jahre 2013, und in vieler Hinsicht auch der von Hans Küng im Jahre 2007, die ich beide organisieren und begleiten durfte, bestätigte meine Überzeugung, dass in meinem Land eine im deutschsprachigen Europa hoch entwickelte, moralisch, philosophisch und geschichtlich fundierte Erinnerungskultur gerade jetzt äußerst gefragt und auch wissenschaftlich anschlussfähig ist.

In meinem eigenen Land wurden Geschichten schnell vergessen und verdrängt. Ich möchte meine Rede mit einem kleinen, aber m. E. vielsagenden Beispiel abschließen. In meinem Bundesstaat, Paraná, liegt die Stadt Rolândia. Mit 60.000 Einwohnern ist sie heute ein wichtiger Teil des Großraums der Metropole Londrina mit insgesamt ca. 700.000 Einwohnern. Rolândia wurde 1932 von einem Entsandten der Weimarer Republik gegründet, der sich aber Monate später in der Situation befand, Entsandter des Dritten Reiches zu werden. Dieser Mann, Oswald Nixdorf, war mit wichtigen Politikern des Zentrums in der Weimarer Republik befreundet und konnte es vor Ort geschickt ermöglichen, dass Leute wie der ehemalige linksliberale Minister der Weimarer Republik Erich Koch-Weser und der katholische Parlamentarier Johannes Schauff nach Rolândia übersiedelten. Diese Persönlichkeiten haben es ihrerseits weiterhin möglich gemacht, dass viele, in dem Fall zumeist wohlhabende jüdische Familien in Brasilien Zuflucht fanden. Durch die Schenkung einer literarischen Bibliothek des Klubs der Stadt Rolândia an meine Universität im Rahmen eines germanistischen Forschungsprojekts konnten wir u. a. die Sammlung von Büchern des jüdisch-deutschen hochpositionierten Direktors der Firma Mannesmann, Oscar Altmann, der mit seiner Frau Margarete und den Kindern nach Brasilien fliehen und dort eine neue Heimat finden konnte, der Wissenschaft zugänglich machen. Im Zuge der bibliotheksgeschichtlichen und literatursoziologischen Bewahrung und Erschließung dieser Bibliothek ist ein Team von Wissenschaftlern dabei, die literarischen Gepflogenheiten jener Zeit und in diesem besonderen Kontext zu analysieren. Als Team sind wir aber auch dabei, in Zusammenarbeit mit Kollegen der Geschichtswissenschaft aus historischer Perspektive den Zusammenhang zu rekonstruieren, in dem sich damals die auswärtige Politik in Brasilien und Deutschland mit dieser besonderen, ideologisch und ethnisch so breit gefächerten deutsch-brasilianischen Gemeinde befasst hat. Es war z. B. erstaunlich festzustellen, dass Brasilien damals der 86-jährigen Mutter von Oscar, Helene Altmann, die in London lebte, ein Einreisevisum verweigert hat mit Hinweis auf ihre Nationalität, die in den Akten des Antrages deutlich verzeichnet war: „Deutsch. Jüdisch." Die Enkelin dieser Frau, die Tochter Oscar Altmanns, ist in Brasilien geblieben und starb 2010 im Alter von 87 Jahren. Sie hieß auch Helene und war Lehrerin, sie hat über die Geschichte der eigenen Familie in deutscher Sprache ein langes Zeugnis abgelegt und einen Text von Johannes Schauff über die Geschichte Rolândias vom Deutschen ins Portugiesische übersetzt. Ihre Übersetzung des Textes bleibt bis heute unveröffentlicht, liegt aber seit wenigen Jahren im Archiv der Landesuniversität in Londrina. Unser Projekt will – auf der Basis von germanistischen Kenntnissen und Fragestellungen und mit einem deutlichen multi- und interdisziplinären Ansatz in der guten Tradition der deutschen Geisteswissenschaften – die Bedeutung der deutschen Präsenz in Brasilien deutlich machen und neu evaluieren und somit in der Öffentlichkeit zur im Moment sehr intensiven Diskussion über Entstehungsprozesse unserer eigenen multikulturellen Gesellschaft einen wissenschaftlich exzellenten Beitrag leisten. Die Bevölkerung von Rolândia weiß heute über die eigene Geschichte ganz wenig. Dort gibt es auch seit Jahren kein Angebot von Deutsch als Fremdsprache an öffentlichen Schulen.

Ein wissenschaftliches Projekt wie unseres kann mit Sicherheit dazu beitragen, dass für die zuständigen Entscheidungsträger in den Schulbehörden Rolândias im

Gespräch mit dem brasilianischen Bundesministerium die Zweckmäßigkeit eines dortigen Angebots von Deutsch deutlicher wird. Der internationalen Germanistik in Brasilien steht noch bevor, auch die Lehrer für Rolândia und für viele andere Städte auszubilden, wo ähnliche interessante und in den Familiengeschichten tief verwurzelten Ereignisse wieder ans Licht kommen.

Ich darf in dem Zusammenhang die Präsidentin des IDV, Frau Prof. Marianne Hepp, und Herrn Dr. Bruno Groß, Vorstandsmitglied des Goethe-Instituts, herzlich grüßen und freundschaftlich an die vielen Deutschlehrer in Brasilien erinnern, die sich, zumeist als germanistisch ausgebildete Kollegen in unserem Bildungswesen, am heutigen Abend über den diesjährigen, an einen Brasilianer verliehenen Grimmpreis freuen.

Beim Besuch der deutschen Bundeskanzlerin Angela Merkel in Brasilien zu einer Regierungskonsultation haben vor einer Woche der Staatssekretär Georg Schütte und der brasilianische Bundesminister Renato Janine Ribeiro eine Absichtserklärung unterzeichnet, die für die Vermittlung der deutschen Sprache in Brasilien von großer Bedeutung ist. Im Bericht über den Besuch von Herrn Schütte auf der Webseite unseres Ministeriums äußerte sich Minister Janine Ribeiro, ein hochangesehener Philosoph im Land, über die Vorbereitung von Maßnahmen zur Förderung der Mehrsprachigkeit im Fremdsprachenangebot an staatlichen Schulen in Brasilien. Dies eröffnet für die Deutschabteilungen an brasilianischen Universitäten die Perspektive eines nicht zu unterschätzenden qualitativen und quantitativen Wachstums.

Ich danke auch im Namen meiner Kollegen in Brasilien für die Auszeichnung unserer Germanistik, und persönlich für die große Ehre und Freude, dass mir durch die Verleihung des Grimm-Preises außer der freundlichen Anerkennung meiner bisherigen Aktivität insbesondere eine Perspektive auf noch weitere schöne und bereichernde Begegnungen und Bewegungen im Netzwerk der internationalen Germanistik geschenkt wurde. Herzlichen Dank!

Unveränderter Abdruck der auf www.daad.de veröffentlichten Rede. URL: https://www.daad.de/medien/der-daad/unsere-aufgaben/deutsche-sprache/pdfs/daad_jacob-und-wilhelm-grimm-preis-2015_dankesrede.pdf (7.12.2015)

Prof. Dr. Christian Fandrych

6. Vorstellung des Preisträgers des Jacob- und Wilhelm-Grimm-Förderpreises

Sehr geehrte Honoratiorinnen und Honoratioren, liebe Kolleginnen und Kollegen,

es ist mir eine große Ehre und Freude, Ihnen heute den diesjährigen Träger des Jacob- und Wilhelm-Grimm-Förderpreises vorstellen zu dürfen, Herrn Dr. James Ikobwa von der University of Nairobi, Kenia. Ich darf diese Rolle als Vorsitzender des Beirats Germanistik des DAAD übernehmen. Dieser Beirat hat neben anderen wichtigen Funktionen auch die vornehme Aufgabe, die Preisträgerinnen bzw. Preisträger des Grimmpreises und des Grimm-Förderpreises auszuwählen und zu nominieren. Dass ich als Vertreter des Faches Deutsch als Fremdsprache mit linguistischem Schwerpunkt diesem Beirat vorstehen darf, nehmen Sie bitte als Zeichen dafür, dass der DAAD und der Beirat ein breites Verständnis von Germanistik aufweisen. Dies zeigt sich aber vor allem auch an der Zusammensetzung des Beirats selbst: Seine Mitglieder vertreten ein sehr breites Spektrum an germanistischer Forschung und arbeiten in deutschsprachigen wie nicht-deutschsprachigen Ländern. Das breite Verständnis des Faches zeigt sich aber auch bei einem Blick auf die wissenschaftlichen Schwerpunkte der Preisträgerinnen und Preisträger der vergangenen Jahre und Jahrzehnte. Insofern passt der Grimm-Preis gut zum Motto der diesjährigen IVG-Tagung: „Germanistik zwischen Tradition und Innovation", vielleicht sogar besser noch in der Umformulierung: „Germanistik: Tradition der Innovation".

Was mich unter anderem am Jacob- und Wilhelm-Grimm-Preis von Anfang an fasziniert hat, war sein Motto. Es besteht aus dem Text eines Antrags, den Jacob Grimm 1848 als Abgeordneter der verfassunggebenden Versammlung in der Frankfurter Paulskirche zur Ergänzung von Artikel 1 der Grundrechte gestellt hat. Zwar wurde der Antrag damals abgelehnt, er ist aber in seinem schlicht-eleganten Stil und in seiner Klarheit auch heute – ich will angesichts der derzeitigen Flüchtlingssituation in Deutschland und Europa sagen: *gerade* heute – von ganz besonderer Bedeutung. Er lautet:

> „Das deutsche Volk ist ein Volk von Freien, und deutscher Boden duldet keine Knechtschaft. Fremde Unfreie, die auf ihm verweilen, macht er frei".

Dieses Zitat verdeutlicht, dass Jacob Grimm, eine zentrale Gründungsfigur der Germanistik, mit der wissenschaftlich-philologischen und sprachwissenschaftlichen Pionierarbeit eben auch eine gesellschaftliche und politische Dimension verbindet. Für den Jacob- und Wilhelm-Grimm-Förderpreis (wie auch für den Hauptpreis) hätte kein besseres Motto gewählt werden können: Er wird verliehen für erste hervorragende Leistungen in der germanistischen Forschung, verbunden mit Verdiensten im Austausch und bei der internationalen Verständigung sowie mit großem extracurricularem Engagement. All dies vereint die Person unseres heutigen Nachwuchspreisträgers in sich. Wir hoffen, dass der Preis auf diese Weise einen bescheidenen Beitrag leistet zu einem offenen, freien wissenschaftlichen Diskurs, zu kritischer, selbstbewusster Auseinandersetzung, Kooperation und Multiperspektivität.

Gut fünfzig Jahre nach der Paulskirchenversammlung, im Jahre 1904, fand in der damaligen Kolonie Deutsch-Südwestafrika in der Folge des Nama- und Herero-Aufstands ein erbarmungsloser Vernichtungskampf statt, ausgeführt von deutschen Kolonialtruppen. Es war dies der Auftakt zu einer Kette von Katastrophen in der deutschen Geschichte, welche die Hoffnung Jacob Grimms und vieler anderer bitter konterkarierten: Statt Freiheit ging leider allzu oft auch Unfreiheit von deutschem Boden aus.

Der Preisträger, den ich heute hier vorzustellen die Ehre habe, Herr Dr. James Ikobwa aus Nairobi, Kenia, hat sich in seiner wissenschaftlichen Arbeit mit eben dieser dunklen Seite der deutschen Kolonialgeschichte, aber auch anderer Genozid-Katastrophen in Afrika intensiv auseinandergesetzt. Er hat dies auf mehrfach vermittelte Weise getan – zum einen aus der Perspektive des „Gedächtnisses der deutschen Literatur", zum anderen aus einer Perspektivenvielfalt, die sich aus seinem persönlichen und wissenschaftlichen Werdegang ergibt. Seine hervorragende Dissertation, die er 2013 an der Stellenbosch-Universität in Südafrika eingereicht und verteidigt hat (betreut von der Kollegin Prof. Carlotta von Maltzan), trägt den Titel „Gedächtnis und Genozid im zeitgenössischen historischen Afrikaroman". Sie beschreitet neue Wege, indem anhand der literarischen Verarbeitung solcher Katastrophen- und Traumaerfahrungen auch die wechselseitigen Perspektivierungen zwischen verschiedenen afrikanischen Kontexten und unterschiedlichen literarisch-historischen Perspektivierungen im deutschsprachigen Raum aufgearbeitet werden. Zentrale Themen sind einerseits der bereits erwähnte Massenmord an den Hereros Anfang des 20. Jahrhunderts (anhand von Gerhard Seyfrieds *Herero* (2003), Jürgen Leskiens *Einsam in Südwest* (1991) und Uwe Timms Morenga (1978)), andererseits der Genozid in Ruanda rund 90 Jahre später (anhand von Lukas Bärfuss' *Hundert Tage* (2008) und Hans Christoph Buchs *Kain und Abel in Afrika* (2001)). Mit diesem Werk und verschiedenen weiteren Beiträgen zu dem

Thema zeigt der heutige Preisträger wichtige neue und innovative Perspektiven für eine transkulturell ausgerichtete Literatur- und Kulturwissenschaft auf.

Die so erfolgreiche Promotion von Dr. Ikobwa ist mit ermöglicht worden durch verschiedene Netzwerke und Kooperationen: Schon während seines Studiums der Germanistik und Erziehungswissenschaften in Nairobi hat Dr. Ikobwa einen DAAD-geförderten Forschungsaufenthalt an der Humboldt-Universität zu Berlin durchführen können, nach seinem erfolgreichen Master kamen noch zwei weitere DAAD-geförderte Aufenthalte hinzu (2007 in Tübingen, 2010 in Leipzig im Rahmen der Germanistischen Institutspartnerschaft zwischen der Stellenbosch-Universität und meinem Heimatinstitut, dem Herder-Institut). Die Tatsache, dass die Promotion in vergleichsweise sehr kurzer Zeit an der Stellenbosch-Universität so erfolgreich durchgeführt wurde, zeigt auch, welch Potential die enge Vernetzung von Hochschulen in den verschiedenen Regionen hat, insbesondere auch im Bereich der Förderung des wissenschaftlichen Nachwuchses.

Dr. Ikobwa war und ist aber weit über sein gerade umrissenes Forschungsfeld wissenschaftlich und praktisch ausgewiesen und hochgradig aktiv. Er ist Dozent an mehreren Hochschulen in Nairobi und deckt in der Lehre sehr viele, auch stark anwendungsbezogene Bereiche ab. So zählen zu seinen weiteren Schwerpunkten auch Themen wie die „Interkulturalität im DaF-Unterricht“ sowie „Mehrsprachigkeit und Sprachpolitik in Afrika und Europa“; er ist Ko-Autor einer ersten, umfassenden empirischen Studie zur Ostafrikanischen Germanistik, die vielfach rezipiert wird.

Über die Arbeit an der Hochschule hinaus ist Dr. Ikobwa auch wichtiger Partner und regionaler Koordinator im DAAD-geförderten Ganaa-Alumniprojekt, das an der Universität Leipzig von meinem Kollegen Claus Altmayer koordiniert wird, und in dessen Rahmen verschiedene thematisch orientierte Tagungen zu sprachenpolitischen und sprachsoziologischen Fragestellungen durchgeführt wurden. Nicht zuletzt ist Dr. Ikobwa Gründungspräsident des gerade neu entstandenen Germanistenverbands Zentral- und Ostafrikas.

All dies zeigt, dass Herr Dr. Ikobwa die mit dem Jacob- und Wilhelm-Grimm-Nachwuchspreis verbundenen Anforderungen auf das Hervorragendste erfüllt, und dass wir großen Anlass zu der Hoffnung haben, dass er auch weiterhin ein wichtiger Teil der Innovation der Germanistik bleiben wird!

Lieber Herr Dr. Ikobwa, ich möchte Ihnen im Namen des Beirats Germanistik und des DAAD zu Ihren Leistungen gratulieren und wünsche Ihnen für Ihre wissenschaftliche und berufliche Zukunft aus ganzem Herzen das Allerbeste! Wir freuen uns sehr auf Ihre weiteren wissenschaftlichen Beiträge, auf die gemeinsame Zusammenarbeit vielerlei Kontexten sowie auf den lebhaften Austausch mit Ihnen!

Lieber Herr Dr. Ikobwa, ich verleihe Ihnen hiermit den Jacob- und Wilhelm-Grimm-Förderpreis des DAAD – ganz herzlichen Glückwunsch!

V. Präsentation des chinesisch-deutschen Projekts „Literaturstraße“

Dr. Frank Suder

1. Grußwort der Fritz Thyssen Stiftung

Sehr verehrter Herr Professor Zhu,
verehrte Anwesende,
besonders begrüßen möchte ich die Teilnehmer an der diesjährigen Literaturstraße sowie unseren Gast Christoph Ransmayr,

kulturelle Kontakte und Kulturaustausch in der Wissenschaftsförderung stehen zwar im Zeitalter der Globalisierung nicht auf der täglichen Agenda der Nachrichtensendungen, die gern und häufig von Krisen und Konflikten oder im positiveren Fall von Kooperation im wirtschaftlichen oder politischen Feld künden, doch liefern sie verbindendes Miteinander im wissenschaftlichen Austausch wie im menschlichen Bereich, deren spezifisch-anregend-produktive Qualität nicht unterschätzt werden darf.

Diesem Vermittlungsauftrag stellt sich seit über 50 Jahren die Fritz Thyssen Stiftung. Erlauben Sie mir, unsere Stiftung kurz vorzustellen:

Amelie Thyssen und ihre Tochter Anita gründeten im Gedenken an August und Fritz Thyssen die Stiftung 1959. Sie ist die erste große private wissenschaftsfördernde Stiftung, die nach dem Zweiten Weltkrieg in der Bundesrepublik Deutschland entstand.

Ihr ausschließlicher Zweck ist die unmittelbare Förderung geistes- und sozialwissenschaftlicher sowie biomedizinischer Forschungsprojekte an Universitäten und gemeinnützigen Forschungseinrichtungen.

Zu den übergeordneten Stiftungszielen gehören neben der Nachwuchsförderung auch die Förderung der internationalen wissenschaftlichen Zusammenarbeit. Dieses Ziel wird durch die Kooperation von deutschen und ausländischen Wissenschaftlern in zeitlich befristeten Forschungsvorhaben, durch die Finanzierung zahlreicher internationaler Stipendien- und Austauschprogramme vornehmlich für Postdoktoranden sowie durch die Förderung einer großen Zahl wissenschaftlicher Tagungen verwirklicht.

An dies Ziel knüpft unsere langjährige Förderung der Literaturstraße an. Der Dialog zwischen chinesischen Germanisten und denen aus dem deutschsprachigen Raum befruchtet in vielfältiger Weise den wissenschaftlichen Fortschritt durch Verbreitung von Forschungsergebnissen in geförderten Publikationen – hier sind besonders die beiden Jahrbücher zu nennen. Das „Chinesisch-deutsche Jahrbuch für Sprache, Literatur und Kultur" veröffentlicht Ergebnisse von Symposien im Rahmen der Literaturstraße, die seit 2005 insbesondere jungen chinesischen Germanisten ein internationales Forum des gedanklichen Austauschs und der wissenschaftlichen Bewährung bieten.

Als Ergänzung zu diesem ausschließlich auf Deutsch erscheinenden Jahrbuch wird seit 2007 das chinesischsprachige Jahrbuch „Deutsche Literatur und Literaturkritik" herausgegeben. Ziel dieser Publikation ist die Verbreitung der deutschen Literatur in China. Sie richtet sich an alle interessierten chinesischen Leser. Sie vermittelt deutsche Literatur in ihrer ganzen historischen Breite, sie soll an den mittlerweile gut 100 chinesischen Deutschfakultäten Studierenden als Quelle dienen, um z. B. geeignete Themen für Abschlussarbeiten zu finden und einen Fundus an kanonischen Texten in chinesischer Übersetzung zur Verfügung stellen.

Diesem Ziel – wissenschaftlicher Förderung und Kulturtransfer in beide Richtungen der Literaturstraße – sieht sich auch die Förderung von Bibliotheken verpflichtet. Als Beispiel sei hier nur die Erweiterung des Bestandes der Bibliothek der Deutschen Fakultät der Tongji-Universität hier in Shanghai unter Federführung von Professor Zhu genannt.

Kultureller Austausch sollte sich aber nicht nur auf die Forschenden beschränken und bedarf nicht nur der Medien, sondern auch des persönlichen Kontaktes mit Kulturschaffenden. Lebendig-anschaulicher Dialog und kritische Auseinandersetzung bilden so Motivation zu weiterer Arbeit, aber auch zu ästhetischem Genuss.

Wir freuen uns deshalb sehr, einen der bedeutendsten lebenden Schriftsteller aus dem deutschen Sprachraum heute hier begrüßen zu dürfen. Christoph Ransmayr erfüllt in besonderem Maße die Voraussetzung, Impulse setzen zu können. Sein Werk bietet differenzierte polyperspektische Betrachtungen in den Romanen wie in seinen Reisebeschreibungen.

Unter vielem seien Inhalt und Anlage seines Romans „Die letzte Welt" genannt. Ransmayr spiegelt am Beispiel des verbannten Ovid, der von der Hauptfigur des Romans – Marcus Aurelius Cotta Maximus – vergeblich in der Verbannung gesucht wird u. a. die Beziehung von Macht und Geist. Seine Aufnahme der ovidschen Metamorphosen, zentralen Bestandteilen einer europäischen kulturellen Mythologie, die mit einer trostlosen Gegenwart verbunden werden, sorgt für ein

Wieder- oder Neuverstehen der antiken Vorlage – durch ein zugefügtes Repertoire zum ovidschen erleichtert und vertieft – aber eben auch für Zeitbezug und Zeitkritik, die sich unmittelbar in Verboten des Buches durch die rumänische Zensur zur Endzeit der Ceaucescu-Diktatur ausdrückte.

Die skeptische Grundhaltung, die sich in den Metamorphosen der Protagonisten in Tiere, Steine und andere Gegenstände zeigt, mag als Zeitkritik gelesen werden. Die Reisemetapher erscheint jedoch vor allem als vergebliche Sinnsuche, als Zeichen für die Vergänglichkeit der Welt: Die Orientierungslosigkeit ist Ausdruck krisenhafter Erfahrung, aber Metamorphosen lassen auch etwas Verwandelt-Neues entstehen. Literarisches Schreiben über Verlust und Verwandlung setzt im Produkt einen Anfang für produktives Verhalten des Lesers.

Eine Übersetzung ins Chinesische ist meines Wissens leider noch ein Desiderat.

Bezüge in seinem Werk zu China wird Christoph Ransmayr uns heute aufzeigen und so seine Kunst des Schreibens präsentieren, die in allen Rezensionen vielfach gelobt wurde und mit dem Etikett „postmodern" nur unzureichend erfasst ist. Stellvertretend sei Volker Hage in der ZEIT zu „Die letzte Welt" zitiert: „Es ist geradezu ein Genuß, sich der Sprach- und Bildmächtigkeit des Erzählers Ransmayr zu überlassen."

Wir werden eine ‚chinesische' Episode aus dem „Atlas eines ängstlichen Mannes" hören sowie ein noch unveröffentlichtes Kapitel der Erzählung, die im nächsten Jahr unter dem Titel „Cox oder Der Lauf der Zeit" erscheinen soll. Diese Geschichte (und damit ihr erstes Kapitel) beginnt ganz in unserer Nähe, nämlich in Hangzhou.

Lassen wir uns überraschen, ob wir uns mit dem Text auf vertrautem Terrain wiederfinden.

Prof. Dr. Feng Yalin

2. Grußwort der geschäftsführenden Mitherausgeberin

Sehr geehrter Herr Vorstand der Fritz Tyssen Stiftung Dr. Frank Suder,
sehr geehrter Herr Christoph Ransmayr,
liebe Kolleginnen, liebe Kollegen,
meine Damen und Herren,

im Namen der Herausgeber der Literaturstraße möchte ich Sie herzlich zu unserer Präsentation begrüßen. Literaturstraße, das Chinesisch-deutsche Jahrbuch für Sprache, Literatur und Kultur wurde im Jahre 2000 von Herrn Professor Zhang Yushu begründet. Gefördert wird die Zeitschrift von der Fritz Thyssen Stiftung. Inzwischen zum wichtigsten wissenschaftlichen Publikationsorgan der chinesischen Germanistik geworden versteht die Zeitschrift als „neue Seidenstraße" zwischen Ost und West, auf der statt Waren Kultur, Literatur und Sprache in beiden Richtungen transportiert werden. Ideen und Werte werden ausgetauscht und vermittelt. Auf der Literaturstraße begegnet man sich, man lernt sich kennen und anerkennen. Dies trägt nicht nur zur Entwicklung der chinesischen Germanistik, sondern vor allem zum gegenseitigen Verständnis von Ost und West bei. Persönliche Kontakte ermöglichen die jährlich stattfindenden **Symposien**, die seit dem Jahr 2005 im Jahresrhythmus abwechselnd in China und im deutschen Sprachraum stattfinden. Sie bieten insbesondere jungen Wissenschaftlern ein internationales Forum des gedanklichen Austauschs und der wissenschaftlichen Bewährung.

Zu dem Erfolg der Literaturstraße gehören also nicht nur ihre 15 Bände, sondern vor allem eine neue Generation junger Literaturwissenschaftler und Sprachwissenschaftler, die mit ihr zusammen heranwächst. Um diese in ihrer Entwicklung noch mehr zu unterstützen, haben wir den Literaturstraßepreis errichtet, der alle zwei Jahre an chinesische Nachwuchswissenschaftler verliehen wird.

Dafür, dass dies alles möglich ist, haben wir in erster Linie der Fritz Thyssen Stiftung zu danken, für die langjährige großzügige Unterstützung. Dass das in einer Zeit, in der für manche Leute nur der materielle Gewinn zählt, gar nicht selbstverständlich ist, brauche ich gar nicht mehr zu betonen. In dem Sinne möchte ich mich bei allen Mitschreitenden auf der Literaturstraße, herzlich bedanken, für Ihren Beitrag und Ihr Mitmachen. Einer, der tatkräftig an dem Auf- und

Ausbau der Literaturstraße mitgewirkt hat, ist Herr Professor Georg Braungart. Als Mitherausgeber hat er in den letzten Jahren mehrere Symposien der Literaturstraße in deutschsprachigen Ländern organisiert und Symposien in China inhaltlich mitgestaltet. Aus Gründen der Arbeitsüberlastung wird er der Literaturstraße nun nicht mehr als Mitherausgeber zur Verfügung stehen. Wir hoffen aber, lieber Georg, dass du uns trotzdem erhalten bleibst und uns weiter mit Tat und Rat beistehst. Umso mehr freue ich mich, die zwei neuen Mitherausgeberinnen begrüßen zu dürfen, die Herr Professor Braungart soeben vorgestellt hat: Frau Professorin Andrea Bogner und Frau Professorin Gertrud Rösch. Beide, Frau Bogner als Sprachwissenschaftlerin und Frau Rösch als Literaturwissenschaftlerin, haben viele Erfahrungen durch ihre Lehr- und Forschungstätigkeit im Bereich Deutsch als Fremdsprache. In dem Sinne sind sie ein wichtiger Gewinn für die Literaturstraße und eine große Bereicherung für das Herausgeberteam.

Nicht zuletzt möchte ich mich noch bei Herrn Professor Zhu Jianhua, in seiner Doppelrolle als Vorsitzender der IVG und Mitherausgeber der Literaturstraße sowie seinem Team herzlich bedanken. Sie haben es möglich gemacht, dass unser Symposium in diesem Jahr in die große IVG-Tagung intergriert werden kann. Den Leitern und Leiterinnen der beiden Literaturstaße-Sektionen danke ich für die inhaltliche Vorbereitung und alle andere organisatorische Arbeit. Herrn Ransmayr danke ich, dass Sie unserer Einladung nach Shanghai gefolgt sind und uns noch einmal mit Ihrer Lesung erfreuen, nachdem Sie uns im letzten Jahr in Wien schon einmal begeistert haben.

Ich danke Ihnen!

Prof. Dr. Wei Yuqing

3. Laudatio auf die Nachwuchspreisträger der Literaturstraße

Sehr geehrte Damen und Herren, liebe Kolleginnen und Kollegen,

„Grün geht aus Blau hervor und übertrifft es", so lautet ein bekanntes Sprichwort bei uns in China, das man immer wieder benutzt, um die Leistungen der jüngeren Generation anzuerkennen. Zu den hervorragenden Nachwuchsgermanisten gehören Herr Li Shuangzhi und Frau Hu Wei. Im Rahmen der IVG-Tagung in Shanghai und der Präsentation der *Literaturstraße* freue ich mich sehr, Li Shuangzhi und Hu Wei vorzustellen.

Li Shuangzhi habe ich 2007 kennen gelernt auf dem schönen Campus der Nanjing-Universität, wo die chinesischen Germanisten nach einer Tagung am Abend spazieren gingen. Wir sind ins Gespräch gekommen, und er hat mich sehr beeindruckt.

1982 in der Stadt Changsha der Provinz Hunan geboren, studierte Li Shuangzhi von 2000 bis 2007 Germanistik an der renommierten Peking-Universität, der Wiege der chinesischen Germanistik. Während seines Studiums zeigte er sowohl große Interessen für die deutsche Literatur als auch Talent und Fleiß in der wissenschaftlichen Arbeit. Nach dem erfolgreichen Abschluss des Masterstudiums wurde er sofort von einer anderen Spitzenuniversität, der Nanjing-Universität, als Dozent für Germanistik angestellt. Von 2009 bis 2010 beschäftigte er sich an der Freien Universität Berlin zur Promotion mit Werken von Thomas Mann, Hugo von Hofmannsthal und Leopold von Andrian intensiv. 2013 promovierte er mit der Dissertation *Die Narziß-Jugend: eine poetologische Figuration in der deutschen Dekadent-Literatur um 1900*, welche mit *summa cum laude* bewertet und im berühmten Heideberger Winterverlag veröffentlicht wurde. Seine hohe wissenschaftliche Kreativität und Produktivität erweist sich aber nicht nur durch seine verdienstvolle Doktorarbeit, sondern auch durch zahlreiche deutsche und chinesische Aufsätze zu Friedrich Hölderlin, Hugo von Hofmannsthal, Herta Müller usw. Darüber hinaus gilt sein Engagement für die Übertragung der deutschen literaturwissenschaftlichen und belletristischen Schriften ins Chinesische als besonders bewundernswert. Zu seinen hochqualifizierten Übersetzungen gehören beispielsweise Walter Benjamins *Ursprung des deutschen Trauspiels*, Manfred Franks *Der kommende Gott*, Hugo Friedrichs *Struktur der modernen Lyrik* und Hermann Hesses *Steppenwolf*.

Für seine hervorragende Leistung in der germanistischen Forschung und in der Vermittlung der deutschen Literatur und Wissenschaft wurde der junge Associate Professor Li Shuangzhi 2013 mit dem Jacob- und Wilhelm-Grimm-Förderpreis des DAAD ausgezeichnet. 2014 wurde er als aussichtsvoller Nachwuchswissenschaftler von der Alexander-von-Humboldt-Stiftung gefördert, die ihm ein zweijähriges Postdoktor-Stipendium verliehen hat, damit er ab dem August 2014 in Göttingen forschen konnte. Mit Li Shuangzhi haben wir hier einen mehrfach ausgewiesenen vortrefflichen jungen Germanisten zu würdigen.

Nicht minder gilt das auch für Hu Wei, eine der hervorragenden Nachwuchsgermanistinnen in China. Sie kenne ich auch gut, da ich oft mit ihr zusammenarbeite. Hu Wei wurde 1978 in der Stadt Ningbo der Zhejiang-Provinz geboren, studierte von 1995 bis 2002 Germanistik, Sinologie und Kunstgeschichte an der Peking-Universität und der Ludwig-Maximilians-Universität München. Promoviert hat sie 2006 an der LMU München unter Betreuung von Prof. Dr. Wolfgang Frühwald mit der Dissertation *Auf der Suche nach der verlorenen Welt. Kulturelle und poetische Konstruktionen autobiographischer Texte im Exil am Beispiel von Stefan Zweig, Heinrich Mann und Alfred Döblin* (Peter Lang, 2006), die versucht, ein dreiteiliges poetologisches Modell zur Selbstrettung und Selbstkonstruktion der Exilschriftsteller angesichts der Totalitätsverlusts aufzubauen.

Seit 2006 ist Hu Wei Dozentin und seit 2010 Associate Professor für Neuere Deutsche Literatur am Institut für Germanistik der Peking-Universität. Hu Wei hatte viele Forschungsaufenthalte in Deutschland und Österreich, darunter als Fellow am Internationalen Kolleg Morphomata der Universität zu Köln (2013–2014).

Zu ihrem Arbeitsbereich gehören „Deutsche Literaturgeschichte im 18. Jahrhundert", „Deutsche Lyrik", „Rezeptionsgeschichte der deutschen Literatur in China" und „Deutsche Autobiographie". Sie hat sowohl in deutschen als auch in chinesischen Fachzeitschriften Artikel publiziert, die sich mit Goethes Rezeptionsgeschichte in China, Herta Müllers Poetologie und Bertolt Brechts Naturlyrik usw. beschäftigen. Neben wissenschaftlichen Tätigkeiten ist Hu Wei Übersetzerin von Thomas Mann, Walter Benjamin, Stefan Zweig, Ilse Aichinger und Heinz Schlaffer. Ihre aktuelle Ambition gilt einer kommentierten Übersetzungsausgabe von Goethes *West-östlichem Divan*.

Hu Weis wissenschaftlicher Werdegang ist eng mit der *Literaturstraße* verbunden, in deren 2. Band sie 2001 Ihre erste wissenschaftliche Publikation zum „Judentum" in Ernst Tollers *Eine Jugend in Deutschland* veröffentlichte. Seit

2006 nimmt sie regelmäßig an der Literaturstraße-Konferenz teil ist seit 2013 Mitherausgeberin der Zeitschrift *Deutsche Literatur und Literaturkritik*, der chinesischen Schwesterzeitschrift der *Literaturstraße*.

Es ist uns eine große Freude, dass heute die Herausgeber des *Chinesisch-deutschen Jahrbuchs für Sprache, Literatur und Kultur* und die Fritz Thyssen Stiftung Herrn Li Shuangzhi und Frau Hu Wei den Nachwuchspreis der Literaturstraße 2015 verleihen. Ich glaube, dass der Preis an die Richtigen gegangen ist und gratuliere den beiden Preisträgern sehr herzlich.

VI. Anschriften der Mitglieder des Präsidiums und des Internationalen Ausschusses der IVG 2015–2020

Präsidium

Präsidentin: Prof. Dr. Laura Auteri (Palermo, Italien)
laura.auteri@unipa.it
Facoltà di Lettere di Palermo
Via Dante 165
I – 90141 Palermo
Italien

Ehrenpräsident: Prof. Dr. Jianhua Zhu (Shanghai, China)
zhujianhua001@hotmail.com
Deutsche Fakultät, Tongji-Universität
Siping Lu, 1239
200092 Shanghai
China, VR

Erster Vizepräsident: Prof. Dr. Daniel Müller Nielaba (Zürich, Schweiz)
mueller_nielaba@ds.uzh.ch
Universität Zürich
Schönberggasse 9
CH-8001 Zürich
Schweiz

Zweiter Vizepräsident: Prof. Dr. Steffen Krogh (Arhus, Dänemark)
gersk@hum.au.dk
Aarhus Universitet, bygn. 1481
Jens Chr. Skous Vej 4
DK-8000 Aarhus C
Dänemark

Internationaler Ausschuss

Prof. Dr. Elena Agazzi (Pavia, Italien)
elena.agazzi@unibg.it
Università degli Studi di Bergamo
Piazza Rosate 2
24129 Bergamo
Italien

Prof. Dr. Firmin Ahoua (Abidjan, Elfenbeinküste)
fahoua2003@yahoo.fr
Institut für angewandte Linguistik
Universität Felix-Houphouet Boigny
08 BP 2116 Abidjan 08
Cote d'Ivoire

Prof. Dr. Yun-Young Choi (Seoul, Südkorea)
melusine@snu.ac.kr
Seoul National University
Kwanak-ro, Kwanak-gu,
151–742
Seoul
Korea

Prof. Dr. Peter Colliander (Kopenhagen, Dänemark)
pc.ikk@cbs.dk
Wirtschaftsuniversität Kopenhagen (CBS)
Dalgas Have 15
DK-2000 Kopenhagen-Frederiksberg
Dänemark

Prof. Dr. Rajendra Dengle (New Delhi, Indien)
rajoodengle@hotmail.com
Centre of German Studie, Jawaharlal Nehru University
New Mehrauli Road
110067 New Delhi
Indien

Prof. Dr. Khadidjatou Fall (Dakar, Senegal)
fadiafall62@hotmail.com
Université Cheik Anta Diop de Dakar
Faculté des Lettres et Sciences Humaines
Langues et Civilizations Germaniques
Dakar
Sénégal

Prof. Dr. Hebatallah Fathy (Giza, Ägypten)
hebafathy72@hotmail.com
Abteilung für Germanistik
El-Orman Gardens
12613 Giza
Ägypten

Prof. Dr. John Greenfield (Porto, Portugal)
jgreenfi@letras.up.pt
Universidade do Porto
Via Panorâmica s/n
P-4150-564 Porto
Portugal

Prof. Dr. Sambor Grucza (Warschau, Polen)
sfgrucza@uw.edu.pl
Universität Warschau
ul. Szturmowa 4
02–678
Warschau
Polen

Prof. Dr. Zehra Gülmüs (Eskisehir, Türkei)
zgulmus@anadolu.edu.tr
Anadolu University
Faculty of Humanities
26470 Eskisehir
Türkei

Prof. Dr. Manshu Ide (Tokyo, Japan)
mide@rikkyo.ne.jp
Rikkyo University
Nishi-Ikebukuro 3–34-1
170–8501 Tokyo
Japan

Prof. Dr. Beate Kellner (München, Deutschland)
beate.kellner@germanistik.uni-muenchen.de
Institut für Deutsche Philologie der Ludwig-Maximilians-Universität
Schellingstraße 3
D - 80799
München
Deutschland

Prof. Dr. Waltraud Maierhofer (Iowa, USA)
waltraud-maierhofer@uiowa.edu
University of Iowa
German, 101 PH
52242–1323 Iowa City
USA

Prof. Dr. Stanislaw Predota (Wroclaw, Polen)
spredota@uni.opole.pl
Uniwersytet Wroclawski
Instytut Filologii Germanskiej
Pl. Biskupa Nankiera 15b
PL-50-140 Wroclaw
Polen

Prof. Dr. Odile Schneider-Mizony (Strasbourg, Frankreich)
werner.schneider67@orange.fr
Université de Strasbourg
22, rue René Descartes
67 000 Strasbourg
Frankreich

Prof. Dr. Karen Schramm (Wien, Österreich)
Karen.schramm@univie.ac.at
Universität Wien
Porzellangasse 4
1090 Wien
Österreich

Prof. Dr. Paulo Astor Soethe (Curitiba, Brasilien)
paulosoethe@me.com
Universidade Federal do Paraná
Rua General Carneiro, 460 - sala 1001
80060–150 Curitiba
Brasilien

Prof. Dr. Martina Wagner-Egelhaaf (Münster, Deutschland)
egelhaa@uni-muenster.de
Universität Münster
Schlossplatz 34
48143 Münster
Deutschland

Prof. Dr. Jin Zhao (Shanghai, China)
zhaojin@tongji.edu.cn
Deutsche Fakultät, Tongji-Universität
Siping Lu, 1239
200092 Shanghai
China, VR

Prof. Dr. Arne Ziegler (Graz, Österreich)
arne.ziegler@uni-graz.at
Karl-Franzens-Universität Graz
Mozartgasse 8/I
A 8010 Graz
Österreich

VII. Satzung der Internationalen Vereinigung für Germanistik

Artikel 1: Ziele und Aufgaben

1. Die Internationale Vereinigung für Germanistik, abgekürzt, IVG, hat den Zweck, die Germanistik durch internationale Zusammenarbeit zu fördern. Unter Germanistik wird hier verstanden: Die altgermanische, deutsche, jiddische Sprach- und Literaturwissenschaft. Die IVG fördert auch Skandinavistik und Niederlandistik falls gewünscht.
2. Die Hauptaufgaben der IVG sind:
   Die Unterstüzung von Forschung, Lehre und Ausbildung, die Förderung persönlicher Beziehungen im Rahmen der von ihr vertretenen Fachgebiete, die Unterhaltung des Kontaktes mit den bestehenden Fach- und Landesverbänden, insbesondere die Veranstaltung von internationalen Kongressen.

Artikel 2: Mitgliedschaft

1. Mitglied der IVG kann werden, wer sich auf den Gebieten der Germanistik durch wissenschaftliche Arbeiten (z. B. Promotion) ausgewiesen hat und insbesondere, wer eine akademische Lehrtätigkeit ausübt.
2. Die Aufnahme erfolgt nach Antrag bei dem Präsidenten/der Präsidentin. Über die Aufnahme beschließt das Präsidium, in Zweifelsfällen der Ausschuss. Der Austritt muss ein Jahr, bevor er rechtsgültig wird, formell angemeldet werden.
3. Die Vollversammlung kann ein Mitglied ausschließen:
   a) falls es den übernommenen Verpflichtungen nicht nachkommt,
   b) falls es die Voraussetzungen der Zugehörigkeit im Sinne der Satzung nicht mehr erfüllt.

Artikel 3: Organisation

Die Organe der IVG sind:

1. Die Vollversammlung
2. Der Ausschuss
3. Präsident/Präsidentin
4. Ehrenpräsident/Ehrenpräsidentin

Artikel 4: Die Vollversammlung

1. Die Vollversammlung ist das oberste Organ der IVG. Bei ihr ruht die Entscheidung über alle Angelegenheiten. Sie wählt den Präsidenten/die Präsidentin, die Vizepräsidenten/die Vizepräsidentinnen und den Ausschuss.
2. Die Vollversammlung tritt gelegentlich jedes internationalen Kongresses wenigstens einmal zusammen. Sie umfasst alle anwesenden Mitglieder.
3. Am letzten Verhandlungstag wählt die Vollversammlung 2 Rechnungsprüfer/innen und 2 Ersatzleute, die der nächsten Vollversammlung einen Rechnungsbericht vorlegen und gegebenenfalls Entlastung des Schatzmeisters/der Schatzmeisterin beantragen.
4. Jedes Mitglied hat das Recht, der Vollversammlung Anträge vorzulegen. Ordnungsgemäß werden solche Anträge mindestens zwei Monate vor dem Kongress schriftlich dem Präsidium der IVG übergeben. In Ausnahmefällen kann ein Antrag auch in der Vollversammlung ohne Kommissionsbehandlung gestellt werden; dann ist für seine Behandlung eine Zweidrittelmehrheit der Anwesenden erforderlich.
5. Beschlüsse, die in der Vollversammlung gefaßt werden, müssen, wenn Präsidium oder Ausschuss oder mindestens ein Drittel der Anwesenden es verlangen, durch eine schriftliche Abstimmung unter allen Mitgliedern bestätigt werden.

Artikel 5: Der Ausschuss

1. Der Ausschuss setzt sich aus 20 von der Vollversammlung gewählten Mitgliedern zusammen, von denen nach jeder Amtsperiode 10 zu ersetzen sind. Aus jedem Land können höchstens zwei (mit Vertretern der Jiddistik, Niederlandistik und Skandinavistik höchstens vier) Ausschussmitglieder gewählt werden, wobei für die Länderzugehörigkeit der akademische Wirkungsbereich bzw. der dauernde Wohnsitz maßgeblich ist. An den Sitzungen des Ausschusses nimmt das Präsidium stimmberechtigt teil. Im Ausschuss soll die Jiddistik nach Möglichkeit vertreten sein. Der Präsident/Die Präsidentin beruft den Ausschuss ein und führt den Vorsitz.
2. Bei Stimmengleichheit gibt die Stimme des Präsidenten/der Präsidentin in allen Gremien, denen sie/er vorsitzt, den Ausschlag. Diese Regelung ist entsprechend für alle Ausschüsse und Kommissionen anzuwenden.
3. Der Ausschuss vertritt die Vollversammlung zwischen den Kongressen und hat als solcher die Aufgabe:
   a) das Präsidium zu beraten,
   b) in allen wichtigeren prinzipiellen Angelegenheiten zu entscheiden,

c) solche Fälle zu entscheiden, für die eine Einigung im Präsidium nicht herbeizuführen ist,
d) den Kontakt mit den Mitgliedern ständig aufrechtzuerhalten.

4. Der Ausschuss wählt aus seinen Mitgliedern eine aus 3 Personen bestehende Finanzkommission und ein Kommissionsmitglied zum Schatzmeister/zur Schatzmeisterin der IVG. Die Finanzkommission berät das Präsidium in allen Finanzfragen.
Der Schatzmeister/Die Schatzmeisterin nimmt an den Sitzungen des Präsidiums teil und hat bei allen Fragen mit finanziellen Konsequenzen Stimmrecht. Schatzmeister/in und Finanzkommission tragen die Verantwortung für die Finanzen der IVG und für das Einkassieren der Mitgliedsbeiträge.
Das mit dem Schatzmeisteramt betraute Mitglied unterrichtet den Präsidenten/die Präsidentin laufend über den Stand der Finanzen.
5. Der Ausschuss bestellt mindestens ein Jahr vor jedem Kongress 2 Kommissionen:
a) Eine Arbeitskommission zur Erörterung der bisherigen und künftigen Arbeiten und Aufgaben der IVG sowie eventueller Satzungsänderungen.
b) Eine Kongresskommission zur Vorbereitung der Wahlen und eventueller Erörterung des nächsten Kongressortes.
Die Kongresskommission nimmt Wahlvorschläge für Präsidium und Ausschuss vom Präsidium, vom Ausschuss oder von einzelnen Mitgliedern entgegen. Das Präsidium hat das Recht, in beiden Kommissionen vertreten zu sein. In jeder Kommission führt ein gewähltes Mitglied den Vorsitz. Auf der letzten Vollsammlung eines Weltkongresses erstatten die Vorsitzenden der Kommissionen Bericht und legen der Vollversammlung Vorschläge zu Beschlüssen vor.
6. Der Ausschuss tritt bei jedem internationalen Kongress zusammen. Dabei ist er beschlussfähig, wenn mehr als die Hälfte der Mitglieder anwesend ist.
In der Zwischenzeit wird er durch das Präsidium regelmäßig informiert und befragt. Werden in der Zwischenzeit gemäß Artikel 5, Punkt 3 und 7 Entscheidungen erforderlich und kann dafür keine Ausschussitzung anberaumt werden, an der mehr als die Hälfte der Mitglieder teilnimmt, so ist das Präsidium befugt, Mehrheitsentscheidungen auch durch schriftliche Umfrage bei allen Ausschussmitgliedern herbeizuführen.
7. Bei vorzeitigem Ausscheiden eines Mitgliedes des Präsidiums oder des Ausschusses regelt der Ausschuss die Nachfolge.

Artikel 6: Das Präsidium und das Ehrenpräsidium

1. Das Präsidium besteht aus dem Präsidenten/der Präsidentin und zwei Vizepräsident/inn/en. Die Mitglieder des Präsidiums werden durch die Vollversammlung in geheimer Wahl gewählt.
   Die drei Mitglieder des Präsidiums sollen verschiedener Nationalität sein. Die Mitglieder des Präsidiums sind in ihrem Amt nicht wiederwählbar.
2. Die Amtsdauer des Präsidiums reicht von Kongress zu Kongress.
3. Die ausgeschiedenen Präsidenten/Präsidentinnen bilden das Ehrenpräsidium.

Artikel 7: Tätigkeit des Präsidiums und des Ehrenpräsidiums

1. Beim Amtsantritt bestimmt das Präsidium, wer von seinen Mitgliedern das Sekretariat der IVG leiten soll. Wo das Sekretariat ist, da ist der Sitz der IVG.
2. Wer das Sekretariat leitet, kann für die Amtsdauer eine/n Mitarbeiter/in anstellen. Die für das Sekretariat erforderlichen Kosten werden aus den Mitteln der IVG bestritten, sofern dafür keine anderen Mittel zur Verfügung stehen.
3. Auf der Vollversammlung legt das Präsidium den Rechenschaftsbericht für die Zeit seiner Amtsdauer bis zum Kongressbeginn vor.
4. Das Geschäftsjahr dauert vom. 1. Oktober eines Jahres bis zum 30. September des folgenden Jahres.
5. Das abgetretene Präsidium gibt durch den nunmehrigen Ehrenpräsidenten/ die nunmehrige Ehrenpräsidentin über den Kongress, den es durchgeführt hat, einen Bericht heraus.
   Für die Herausgabe der Kongressakten durch den nunmehrigen Ehrenpräsidenten / die nunmehrige Ehrenpräsidentin bestellt das Präsidium noch während seiner Amtstätigkeit ein Redaktionskomitee. Die Finanzierung der Herausgabe der Kongreßakten wird schon vor dem Kongress in Zusammenarbeit von Präsident/in, Redaktionskomitee und Finanzkommission sichergestellt.
6. Die Liste der aktiven Mitglieder der IVG mit Angabe der jeweiligen Universität wird vor dem Kongress vom Präsidenten bereitgestellt und wird auf der Webseite der IVG veröffentlicht (eine Namensliste ohne Adresse).
7. Dem Präsidium obliegt es, mit Hilfe des Ausschusses die internationalen Belange der Mitglieder zu fördern und neue Mitglieder zu werben. In Ländern oder Gebieten, die nicht im Ausschuß vertreten sind, kann das Präsidium für seine Amtsdauer ehrenamtliche Vertrauensleute bestellen.
8. Mit Einwilligung des Ausschusses kann das Präsidium, auf eigenen Antrieb oder durch Mitglieder angeregt, wissenschaftliche Unternehmungen innerhalb des Fachkreises der IVG in Gang setzen und betreuen, falls die nötigen Mittel aus internationalen und nationalen Fonds bereitgestellt werden.

Artikel 8: Organisation des Kongresses

1. Die Vorbereitung der internationalen Kongresse liegt in den Händen des Präsidiums und des Ausschusses. Sie teilen mit einem regionalen Kongress-Ausschuss des gastgebenden Landes die Lösung der praktischen Aufgabe.
2. Kongresse sollen in der Regel in Übereinstimmung mit der Satzung der UNESCO alle 5 Jahre stattfinden.
3. Die wissenschaftlichen Themen für die Kongresse werden durch das Präsidium im Zusammenwirken mit dem Ausschuss bestimmt. Dabei sollen die in der IVG vertretenen Fachgebiete in angemessener Weise berücksichtigt werden.

Artikel 9: Beiträge

1. Die Höhe der Beiträge soll sich nach dem Umfang der allgemeinen Verwaltungskosten und nach der Höhe der Beiträge vergleichbarer Organisationen richten. Sie wird von Präsidium und Finanzkommission festgesetzt.

Artikel 10: Satzungsänderung

Für Änderungen der Satzungen bedarf es einer Zweidrittelmehrheit in der Vollversammlung. Der Antrag muß als ordentlicher Punkt auf der Tagesordnung stehen.

Artikel 11: Auflösung

Über die Auflösung der IVG kann nur durch schriftliche Abstimmung unter allen Mitgliedern entschieden werden. Die schriftliche Abstimmung unter allen Mitgliedern muss von mindestens zwei Dritteln der auf einem Kongress anwesenden Mitglieder beschlossen werden.

Sprechen sich mehr als zwei Drittel der eingeschriebenen Mitglieder für eine Auflösung aus, so muss diese rechtsgültig herbeigeführt werden.

Beschlossen auf dem ersten Internationalen Kongress für germanische Sprach- und Literaturwissenschaft in Rom in letzter Lesung am 9. September 1955.
Änderungen beschlossen durch die Vollversammlung auf dem VI. Internationalen Kongress der IVG in Basel in letzter Lesung am 25. August 1980.
Änderungen beschlossen durch die Vollversammlung auf dem VII. Internationalen Kongress der IVG in Göttingen in letzter Lesung am 30. August 1985.
Änderungen beschlossen durch die Vollversammlung auf dem VIII. Internationalen Kongress der IVG in Tokyo in letzter Lesung am 31. August 1990.

Neuer Wortlaut der Satzung der IVG beschlossen durch die Vollversammlung auf dem IX. Internationalen Kongress der IVG in Vancouver in letzter Lesung am 18. August 1995.
Änderungen beschlossen durch die Vollversammlung auf dem X. Internationalen Kongress der IVG in Wien in letzter Lesung am 15. September 2000.
Änderungen beschlossen durch die Vollversammlung auf dem XIII. Internationalen Kongress der IVG in Shanghai in letzter Lesung am 30. August 2015.

Letzte Aktualisierung: 11.09.2015

VIII. Verzeichnisse der Wiener, Pariser und Warschauer Kongressakten

– umgekehrt chronologische Reihenfolge –
Akten des XII. Internationalen Germanistenkongresses Warschau 2010

Franczisze k Grucza (Hrsg.)

Akten des XII. Internationalen Germanistenkongresses Warschau 2010 «Vielheit und Einheit der Germanistik weltweit»

Band 1
Grucza, Franciszek (Hrsg.)
Vielheit und Einheit der Germanistik weltweit
Erscheinungsjahr: 2013
Reihe: Publikationen der Internationalen Vereinigung für Germanistik (IVG) – Band 1

Band 2
Grucza, Franciszek (Hrsg.)
Eröffnungsvorträge – Diskussionsforen
Erscheinungsjahr: 2012
Reihe: Publikationen der Internationalen Vereinigung für Germanistik (IVG) – Band 2

Band 3
Grucza, Franciszek / Neuberg, Simon / Conter, Claude D. / Koch, Jerzy / Kiedron, Stefan (Hrsg.)
Jiddische Sprache und Literatur
Luxemburgistik
Niederländische Sprach-und Literaturwissenschaft mit besonderer Berücksichtigung des Afrikaans
Oudere Nederlandse Letterkunde (Ältere Niederländische Literatur)
Erscheinungsjahr: 2012
Reihe: Publikationen der Internationalen Vereinigung für Germanistik (IVG) – Band 3

Band 4
Grucza, Franciszek / Betten, Anne / Schwarz, Alexander / Predota, Stanislaw (Hrsg.)
Sprache in der Literatur
Kontakt und Transfer in der Sprach- und Literaturgeschichte des Mittelalters und der Frühen Neuzeit
Die niederländische Sprachwissenschaft – diachronisch und synchronisch
Erscheinungsjahr: 2012
Reihe: Publikationen der Internationalen Vereinigung für Germanistik (IVG) – Band 4

Band 5
Grucza, Franciszek (Hrsg.)
Einheit in der Vielfalt? Der Europadiskurs der SchriftstellerInnen seit der Klassik
Vielheit und Einheit des Erzählens? Möglichkeiten einer historischen Narratologie
Globalisierung – eine kulturelle Herausforderung für die Literaturwissenschaft? Germanistische Abgrenzungen
Erscheinungsjahr: 2012
Reihe: Publikationen der Internationalen Vereinigung für Germanistik (IVG) – Band 5

Band 6
Grucza, Franciszek (Hrsg.)
Nationale und transnationale Identitäten in der Literatur
Ich, Individualität, Individuum. Kulturelle Selbst-Vergewisserung in der Literatur
Erscheinungsjahr: 2012
Reihe: Publikationen der Internationalen Vereinigung für Germanistik (IVG) – Band 6

Band 7
Grucza, Franciszek (Hrsg.)
Politische Romantik im 19. und 20. Jahrhundert
Die deutsche Romantik und ihre Folgen
Der deutschsprachige politische Roman
Erscheinungsjahr: 2012
Reihe: Publikationen der Internationalen Vereinigung für Germanistik (IVG) – Band 7

Band 8
Grucza, Franciszek (Hrsg.)
Aufgaben der Erforschung der Mittleren Deutschen Literatur bzw. der Kulturgeschichte der Frühen Neuzeit
Autofiktion. Neue Verfahren literarischer Selbstdarstellung
Klassische Moderne-Schwellen
Erscheinungsjahr: 2013
Reihe: Publikationen der Internationalen Vereinigung für Germanistik (IVG) - Band 8

Band 9
Grucza, Franciszek / Eigler, Friederike / Golec, Janusz / Zylinski, Leszek (Hrsg.)
Post/Nationale Vorstellungen von ‚Heimat' in deutschen, europäischen und globalen Kontexten
Nationale Erinnerungskulturen im Zeitalter der Globalisierung
Deutsch-polnische Erinnerungsorte
Erscheinungsjahr: 2012
Reihe: Publikationen der Internationalen Vereinigung für Germanistik (IVG) - Band 9

Band 10
Grucza, Franciszek (Hrsg.)
Film und visuelle Medien
Multimediale und transnationale Kommunikation im Barockzeitalter
Entwicklungen in der deutschsprachigen Gegenwartsliteratur und Medien nach 1989
Literatur-Medien-Kultur im germanistischen Kontext
Erscheinungsjahr: 2012
Reihe: Publikationen der Internationalen Vereinigung für Germanistik (IVG) - Band 10

Band 11
Grucza, Franciszek (Hrsg.)
Erzählte Geschichte - Erinnerte Literatur
Schreiben im Holocaust
Geschlecht, Generation und Nation
Bilaterale Interkulturelle Kommunikation in der Globalisierung
Erscheinungsjahr: 2012
Reihe: Publikationen der Internationalen Vereinigung für Germanistik (IVG) - Band 11

Band 12
Grucza, Franciszek (Hrsg.)
Interkulturalität als Herausforderung und Forschungsparadigma der Literatur und Medienwissenschaft
Sprachliche Höflichkeit zwischen Etikette und kommunikativer Kompetenz: linguistische, interkulturelle und didaktische Überlegungen
Erscheinungsjahr: 2012
Reihe: Publikationen der Internationalen Vereinigung für Germanistik (IVG) - Band 12

Band 13
Grucza, Franciszek (Hrsg.)
Interkulturelles Verstehen und Kontrastives Vergleichen
Formen literarischer und intellektueller Zusammenarbeit
Erscheinungsjahr: 2012
Reihe: Publikationen der Internationalen Vereinigung für Germanistik (IVG) - Band 13

Band 14
Grucza, Franciszek (Hrsg.)
Koloniale und postkoloniale deutschsprachige Literatur
Die deutschsprachige Kultur und Lateinamerika
Indien im Spiegel der deutschen Dichtung
Klimachaos und Naturkatastrophen in der deutschen Literatur – Desaster und deren Deutung
Stadtvorstellungen und -utopien in Literatur und Geschichte
Erscheinungsjahr: 2012
Reihe: Publikationen der Internationalen Vereinigung für Germanistik (IVG) - Band 14

Band 15
Grucza, Franciszek (Hrsg.)
Deutsche Morphologie im Kontrast
Beschreibende deutsche Grammatik
Synthetische Grammatik des Deutschen als einzelsprachliche Grammatik auf universeller Basis
Corpusdaten und grammatische Regeln
Sprachkonzepte und Grammatikmodelle im DaFiA-Unterricht
Erscheinungsjahr: 2012
Reihe: Publikationen der Internationalen Vereinigung für Germanistik (IVG) – Band 15

Band 16
Grucza, Franciszek (Hrsg.)
Germanistische Textlinguistik
Digitalität und Textkulturen
Vormoderne Textualität
Diskurslinguistik im Spannungsfeld von Deskription und Kritik
Erscheinungsjahr: 2012
Reihe: Publikationen der Internationalen Vereinigung für Germanistik (IVG) - Band 16

Band 17
Grucza, Franciszek (Hrsg.)
Diachronische, diatopische und typologische Aspekte des Sprachwandels
Interferenz-Onomastik
Sprachgeschichte und Textsorten
Deutsche Dialekte und Regionalsprachen
Erscheinungsjahr: 2013
Reihe: Publikationen der Internationalen Vereinigung für Germanistik (IVG) - Band 17

Band 18
Grucza, Franciszek (Hrsg.)
Fachsprachen in Theorie und Praxis
Geschichte des Deutschen als Fremdsprachenunterricht weltweit / Geschichte von
DaF weltweit
Theorie und Geschichte der Translationswissenschaft
Erscheinungsjahr: 2013
Reihe: Publikationen der Internationalen Vereinigung für Germanistik (IVG) - Band 18

Band 19
Grucza, Franciszek (Hrsg.)
Deutsch als Fremdsprache im Wandel
Deutschlernen an der Grenze. Wider den Einheitsunterricht!
Literatur, Kunst und Musik im Kontext Deutsch als Fremd- und Zweitsprache
Deutsch im Rahmen von Mehrsprachigkeitskonzepten
Karikatur im Fremdsprachenunterricht: Zur gegenwärtigen sprachdidaktischen Rolle des satirischen Bildes

Erscheinungsjahr: 2013
Reihe: Publikationen der Internationalen Vereinigung für Germanistik (IVG) – Band 19

Akten des XI. Internationalen Germanistenkongresses Paris 2005
«Germanistik im Konflikt der Kulturen»

Jean-Marie Valentin (Hrsg.)

Akten des XI. Internationalen Germanistenkongresses Paris 2005 «Germanistik im Konflikt der Kulturen»

Band 1
Ansprachen – Plenarvorträge – Podiumsdiskussionen – Berichte
Erscheinungsjahr: 2007

Band 2
Jiddische Sprache und Literatur in Geschichte und Gegenwart
Betreut von Steffen Krogh, Simon Neuberg und Gilles Rozier
Niederlandistik zwischen Wissenschaft und Praxisbezug
Betreut von Jan Pekelder und Cornelius Snoek
Alteritätsdiskurse in Sprache, Literatur und Kultur der skandinavischen Länder
Betreut von Marc Auchet, Klaus Bohnen und Andràs Masàt
Erscheinungsjahr: 2007

Band 3
Deutsch lehren und lernen im nicht-deutschsprachigen Kontext
Betreut von Jacques Athias, Shrishail B. Sasalatti und Gerardus Westhoff
Übersetzen im Kulturkonflikt
Betreut von Bernard Banoun, Gertrude Durusoy und Irene Weber-Henking
Erscheinungsjahr: 2007

Band 4
Empirische Grundlagen moderner Grammatikforschung
Betreut von Karin Donhauser, Elvira Glaser und Marcel Vuillaume
Integrative Zugriffe auf Phänomene des Sprachwandels
Betreut von Rüdiger Harnisch, Mitsuyo Ono, Odile Schneider-Mizony und Winifred Vaughan Davies
Lexik und Lexikologie: sprachpolitische Einstellungen und Konflikte
Betreut von Martine Dalmas und Ulrike Haß-Zumkehr
Sprache und Diskurs in den neuen Medien
Betreut von Irmtraud Behr und Roberto Simanowski
Erscheinungsjahr: 2008

Band 5
Kulturwissenschaft vs. Philologie?
Betreut von Andreas Bässler, Luca Crescenzi, Uwe Steiner, Teruaki Takahashi und Horst Thomé
Wissenschaftskulturen: Kontraste, Konflikte, Synergien
Betreut von Jürgen Fohrmann, Gérard Laudin und Pramod Talgeri
Editionsphilologie: Projekte, Tendenzen und Konflikte
Betreut von Florence Bancaud, Klaus Grubmüller, Wendelin Schmidt-Dengler und Werner Wögerbauer
Erscheinungsjahr: 2008

Band 6
Migrations-, Emigrations- und Remigrationskulturen
Betreut von Fawzi Boubia, Anne Saint Sauveur-Henn und Frithjof Trapp
Multikulturalität in der zeitgenössischen deutschsprachigen Literatur
Betreut von Bernard Bach, Andrei Corbea-Hoisie und Elzbieta Katarzyna Dzikowska
Erscheinungsjahr: 2007

Band 7
Bild, Rede, Schrift
Betreut von Michael Curschmann und Wolfgang Harms
Kleriker, Adel, Stadt und ausserchristliche Kulturen in der Vormoderne
Betreut von Jan-Dirk Müller, Ulrich Müller und René Pérennec
Wissenschaften und Literatur seit der Renaissance
Betreut von Georg Braungart, Theo Elm und Christine Maillard
Erscheinungsjahr: 2008

Band 8
Universal-, Global- und Nationalkulturen
Betreut von Young Eun Chang, Konrad Ehlich und Fabrice Malkani
Nationalliteratur und Weltliteratur
Betreut von Alexander Belobratow, Raymond Heitz und Naoji Kimura
Erscheinungsjahr: 2007

Band 9
Divergente Kulturräume in der Literatur
Betreut von Marc Cluet, Zhu Jianhua, Aleya Khattab, M. K. Natarajan und Hans-Christoph Graf v. Nayhauss
Kulturkonflikte in der Reiseliteratur
Betreut von Annakutty V. K. Findeis, Hans-Wolf Jäger und Françoise Knopper
Erscheinungsjahr: 2007

Band 10
Geschlechterdifferenzen als Kulturkonflikte
Betreut von Béatrice Dumiche, Ortrud Gutjahr und Vivian Liska
Regiekunst und Development-Theatre
Betreut von Bernard Banoun, Simone Seym und Marielle Silhouette
Streiten im Lichte der linguistischen und literaturwissenschaftlichen Dialogforschung
Betreut von Priscilla Hayden-Roy, Francine Maier-Schaeffer, Günter Sasse und Johannes Schwitalla
Deutsche Sprache und Literatur nach der Wende
Betreut von Klaus Michael Bogdal, Anna Chiarloni, Ulla Fix, Marie-Hélène Quéval und Patrick Stevenson
Erscheinungsjahr: 2007

Band 11
Klassiken, Klassizismen, Klassizität
Betreut von Roland Krebs, Krzysztof Lipinski und Wilhelm Voßkamp
Kulturmetropole Paris im Zeichen der Moderne
Betreut von Bernhard Böschenstein, Willi Bolle, Manfred Engel und Gérald Stieg
Der Streit um die literarische Moderne
Betreut von Gerhard Neumann, Erika Tunner und Ralf Zschachlitz
Erscheinungsjahr: 2008

Band 12
Europadiskurse in der deutschen Literatur und Literaturwissenschaft
Betreut von Claudia Benthien, Paul Michael Lützeler und Anne-Marie Saint-Gille
Deutsch-jüdische Kulturdialoge/-konflikte
Betreut von Daniel Azuélos, Klaus L. Berghahn, Irène Heidelberger-Leonard und Bernd Witte
Erscheinungsjahr: 2007

Peter Wiesinger (Hrsg.)

Akten des X. Internationalen Germanistenkongresses Wien 2000 «Zeitenwende – Die Germanistik auf dem Weg vom 20. ins 21. Jahrhundert»

Band 1
Grußworte und Eröffnungsvorträge – Plenarvorträge – Diskussionsforen – Berichte
Reihe: Jahrbuch für Internationale Germanistik Band 53
Erscheinungsjahr: 2002

Band 2
Entwicklungstendenzen der deutschen Gegenwartssprache
Betreut von H. Glück, W. Sauer und H. Wegener
Lexikologie und Lexikographie
Betreut von O. Reichmann, P. R. Lutzeier und Z. Pan
Reihe: Jahrbuch für Internationale Germanistik Band 54
Erscheinungsjahr: 2002

Band 3
Aufgaben einer zukünftigen Sprachgeschichtsforschung
Betreut von N. R. Wolf, A. Betten und F. Hartweg
Gesprochene Sprache in regionaler und sozialer Differenzierung
Betreut von H. Löffler, K. J. Mattheier und C. V. J. Russ
Sprache in der Öffentlichkeit
Betreut von W. Holly, U. Ammon und M. Ueki
Reihe: Jahrbuch für Internationale Germanistik Band 55
Erscheinungsjahr: 2002

Band 4
Lehr- und Lernprozesse des Deutschen als Fremdsprache in kognitiver Perspektive
Betreut von G. Westhoff, P. Portmann-Tselikas und D. Rösler
Sozial-kulturelle Aspekte des Deutsch-als-Fremdsprache-Unterrichts

Betreut von H.-J. Krumm und B. Müller-Jacquier
Reihe: Jahrbuch für Internationale Germanistik Band 56
Erscheinungsjahr: 2002

Band 5
Mediävistik und Kulturwissenschaften
Betreut von H. Wenzel und A. Ebenbauer
Mediävistik und Neue Philologie
Betreut von P. Strohschneider, I. Bennewitz und W. Röcke
Reihe: Jahrbuch für Internationale Germanistik Band 57
Erscheinungsjahr: 2002

Band 6
Epochenbegriffe: Grenzen und Möglichkeiten
Betreut von U. Japp, R. Maeda und H. Pfotenhauer
Aufklärung – Klassik – Romantik
Betreut von J.A. McCarthy, A. Berger und F. Vollhardt
Die Wiener Moderne
Betreut von M. Bobinac und W. Schmidt-Dengler
Reihe: Jahrbuch für Internationale Germanistik Band 58
Erscheinungsjahr: 2002

Band 7
Gegenwartsliteratur
Betreut von H. Kiesel und C. Caduff
Deutschsprachige Literatur in nichtdeutschsprachigen Kulturzusammenhängen
Betreut von P. M. Lützeler, D. G. Roberts und T. Takahashi
Reihe: Jahrbuch für Internationale Germanistik Band 59
Erscheinungsjahr: 2002

Band 8
Kanon und Kanonisierung als Probleme der Literaturgeschichtsschreibung
Betreut von H. Watanabe-O'Kelly, E. Agazzi und J.-D. Müller
Interpretation und Interpretationsmethoden
Betreut von H. Birus, S. Grubacic und I. Wirtz
Reihe: Jahrbuch für Internationale Germanistik Band 60
Erscheinungsjahr: 2003

Band 9
Literaturwissenschaft als Kulturwissenschaft: Interkulturalität und Alterität
Betreut von O. Gutjahr

Interdisziplinarität und Medialität
Betreut von M. Engel
Konzeptualisierung und Mythographie
Betreut von W. Braungart
Reihe: Jahrbuch für Internationale Germanistik Band 61
Erscheinungsjahr: 2003

Band 10
Geschlechterforschung und Literaturwissenschaft
Betreut von M. Littler, W. Erhart und M. Janz
Literatur und Psychologie
Betreut von H. H. Hiebel und A. Lange-Kirchheim
Medien und Literatur
Betreut von J. Hörisch
Reihe: Jahrbuch für Internationale Germanistik Band 62
Erscheinungsjahr: 2003

Band 11
Übersetzung und Literaturwissenschaft
Betreut von P. Øhrgaard, R.-H. Kim und Y. Lucuta
Aktuelle und allgemeine Fragen der germanistischen Wissenschaftsgeschichte
Betreut von Ch. König und A. Gardt
Reihe: Jahrbuch für Internationale Germanistik Band 63
Erscheinungsjahr: 2003

Band 12
Niederländische Sprach- und Literaturwissenschaft im europäischen Kontext
Betreut von H. Van Uffelen und J. Van Marle
Der skandinavische Norden und Europa: Sprache, Literatur und Kultur
Betreut von B. A. Sorensen, F. Paul und S. Rossel
Reihe: Jahrbuch für Internationale Germanistik Band 64
Erscheinungsjahr: 2002

Publikationen der Internationalen Vereinigung für Germanistik (IVG)

Herausgegebenvon Franciszek Grucza und Jianhua Zhu

Band 1 Akten des XII. internationalen Germanistenkongresses, Warschau 2010. Vielheit und Einheit der Germanistik weltweit. Grußworte – Ansprachen – Berichte. Herausgegeben von Franciszek Grucza. Mitherausgeber: Justyna Alnajjar, Ewa Bartoszewicz, Magdalena Olpińska-Szkiełko, Hans-Jörg Schwenk. 2012.

Band 2 Akten des XII. internationalen Germanistenkongresses, Warschau 2010. Vielheit und Einheit der Germanistik weltweit. Eröffnungsvorträge – Diskussionsforen. Herausgegeben von Franciszek Grucza. 2012.

Band 3 Akten des XII. internationalen Germanistenkongresses, Warschau 2010. Vielheit und Einheit der Germanistik weltweit. Jiddische Sprache und Literatur in Geschichte und Gegenwart / Luxemburgistik im Spannungsfeld von Mehrsprachigkeit, Regionalität, Nationalität und Internationalität / Niederländische Sprach- und Literaturwissenschaft mit besonderer Berücksichtigung des Afrikaans / Oudere Nederlandse Letterkunde (Ältere Niederländische Literatur). Herausgegeben von Franciszek Grucza. Mitherausgeber: Simon Neuberg, Claude D. Conter, Jerzy Koch, Stefan Kiedroń. 2012.

Band 4 Akten des XII. internationalen Germanistenkongresses, Warschau 2010. Vielheit und Einheit der Germanistik weltweit. Sprache in der Literatur / Kontakt und Transfer in der Sprach- und Literaturgeschichte des Mittelalters und der Frühen Neuzeit / Die niederländische Sprachwissenschaft - diachronisch und synchronisch. Herausgegeben von Franciszek Grucza. Mitherausgeber: Anne Betten, Alexander Schwarz, Stanisław Prędota. 2012.

Band 5 Akten des XII. internationalen Germanistenkongresses, Warschau 2010. Vielheit und Einheit der Germanistik weltweit. Einheit in der Vielfalt? Der Europadiskurs der SchriftstellerInnen seit der Klassik. Vielheit und Einheit des Erzählens? Möglichkeiten einer historischen Narratologie. Globalisierung – eine kulturelle Herausforderung für die Literaturwissenschaft? Germanistische Abgrenzungen. Herausgegeben von Franciszek Grucza. Mitherausgeber: Paul Michael Lützeler, Matías Martínez, Regina Hartmann. 2012.

Band 6 Akten des XII. internationalen Germanistenkongresses, Warschau 2010. Vielheit und Einheit der Germanistik weltweit. Nationale und transnationale Identitäten in der Literatur. Ich, Individualität, Individuum. Kulturelle Selbst-Vergewisserung in der Literatur. Herausgegeben von Franciszek Grucza. Mitherausgeber: Aleya Khattab, Dirk Kemper. 2012.

Band 7 Akten des XII. internationalen Germanistenkongresses, Warschau 2010. Vielheit und Einheit der Germanistik weltweit. Politische Romantik im 19. und 20. Jahrhundert. Die deutsche Romantik und ihre Folgen. Der deutschsprachige politische Roman. Herausgegeben von Franciszek Grucza. Mitherausgeber: Ulrich Breuer, Min Suk Choe, Penka Angelova. 2012.

Band 8 Akten des XII. internationalen Germanistenkongresses, Warschau 2010. Vielheit und Einheit der Germanistik weltweit. Aufgaben der Erforschung der Mittleren Deutschen Literatur bzw. der Kulturgeschichte der Frühen Neuzeit. Autofiktion. Neue Verfahren literarischer Selbstdarstellung. Klassische Moderne-Schwellen. Herausgegeben von Franciszek Grucza. Mitherausgeber: Hans-Gert Roloff. Martina Wagner-Egelhaaf, Claudia Liebrand. 2012.

Band 9 Akten des XII. internationalen Germanistenkongresses, Warschau 2010. Vielheit und Einheit der Germanistik weltweit. Post/Nationale Vorstellungen von „Heimat“ in deutschen, europäischen und globalen Kontexten. Nationale Erinnerungskulturen im Zeitalter der Globalisierung. Deutsch-polnische Erinnerungsorte. Herausgegeben von Franciszek Grucza. Mitherausgeber: Friederike Eigler, Janusz Golec, Leszek Żyliński. 2012.

Band 10 Akten des XII. internationalen Germanistenkongresses, Warschau 2010. Vielheit und Einheit der Germanistik weltweit. Film und visuelle Medien. Multimediale und transnationale Kommunikation im Barockzeitalter. Entwicklungen in der deutschsprachigen Gegenwartsliteratur und Medien 1989. Literatur-Medien-Kultur im germanistischen Kontext. Herausgegeben von Franciszek Grucza. Mitherausgeber: Ryozo Maeda, Mirosława Czarnecka, Carsten Gansel, Jacek Rzeszotnik. 2012.

Band 11 Akten des XII. internationalen Germanistenkongresses, Warschau 2010. Vielheit und Einheit der Germanistik weltweit. Erzählte Geschichte-Erinnerte Literatur. Schreiben im Holocaust. Geschlecht, Generation und Nation. Bilaterale Interkulturelle Kommunikation in der Globalisierung. Herausgegeben von Franciszek Grucza. Mitherausgeber: Waltraud Maierhofer, Jörg Riecke, Monika Shafi, Xiaohu Feng. 2012.

Band 12 Akten des XII. internationalen Germanistenkongresses, Warschau 2010. Vielheit und Einheit der Germanistik weltweit. Interkulturalität als Herausforderung und Forschungsparadigma der Literatur und Medienwissenschaft. Sprachliche Höflichkeit zwischen Etikette und kommunikativer Kompetenz: linguistische, interkulturelle und didaktische Überlegungen. Herausgegeben von Franciszek Grucza. Mitherausgeber: Ortrud Gutjahr, Eva Neuland. 2012.

Band 13 Akten des XII. internationalen Germanistenkongresses, Warschau 2010. Vielheit und Einheit der Germanistik weltweit. Interkulturelles Verstehen und Kontrastives Vergleichen. Formen literarischer und intellektueller Zusammenarbeit. Herausgegeben von Franciszek Grucza. Mitherausgeber: Teruaki Takahsi, Julian Preece, Dagmar C.G. Lorenz. 2012.

Band 14 Akten des XII. internationalen Germanistenkongresses, Warschau 2010. Vielheit und Einheit der Germanistik weltweit. Koloniale und postkoloniale deutschsprachige Literatur. Die deutschsprachige Kultur und Lateinamerika. Indien im Spiegel der deutschen Dichtung. Klimachaos und Naturkatastrophen in der deutschen Literatur – Desaster und deren Deutung. Stadtvorstellungen und –utopien in Literatur und Geschichte. Herausgegeben von Franciszek Grucza. Mitherausgeber: Adjaï Paulin Oloukpona-Yinnon, Wille Bolle, Balasundaram Subramanian, Gabriele Dürbeck, Yoshito Takahashi. 2012.

Band 15 Akten des XII. internationalen Germanistenkongresses, Warschau 2010. Vielheit und Einheit der Germanistik weltweit. Deutsche Morphologie im Kontrast. Beschreibende deutsche Grammatik. Synthetische Grammatik des Deutschen als einzelsprachliche Grammatik auf universeller Basis. Corpusdaten und grammatische Regeln. Sprachkonzepte und Grammatikmodelle im DaFiA-Unterricht. Herausgegeben von Franciszek Grucza. Mitherausgeber: Horst J. Simon, Józef Paweł Darski, Kennosuke Ezawa, Stefan J. Schierholz, Peter Colliander. 2012.

Band 16 Akten des XII. internationalen Germanistenkongresses, Warschau 2010. Vielheit und Einheit der Germanistik weltweit. Germanistische Textlinguistik. Digitalität und Textkulturen. Vormoderne Textualität. Diskurslinguistik im Spannungsfeld von Deskription und Kritik. Herausgegeben von Franciszek Grucza. Mitherausgeber: Margot Heinemann, Beata Mikołajczyk, Beate Kellner, Ingo H. Warnke. 2012.

Band 17 Akten des XII. internationalen Germanistenkongresses, Warschau 2010. Vielheit und Einheit der Germanistik weltweit. Diachronische, diatopische und typologische Aspekte des Sprachwandels. Interferenz-Onomastik. Sprachgeschichte und Textsorten. Deutsche Dialekte und Regionalsprachen. Herausgegeben von Franciszek Grucza. Mitherausgeber: Michail L. Kotin, Wolfgang Haubrichs, Józef Wiktorowicz, Ewa Żebrowska. 2013.

Band 18 Akten des XII. internationalen Germanistenkongresses, Warschau 2010. Vielheit und Einheit der Germanistik weltweit. Fachsprachen in Theorie und Praxis. Geschichte des Deutschen als Fremdsprachenunterricht weltweit / Geschichte von DaF weltweit. Theorie und Geschichte der Translationswissenschaft. Herausgegeben von Franciszek Grucza. Mitherausgeber: Heinz-Rudi Spiegel, Odile Schneider-Mizony, Jerzy Żmudzki. 2013.

Band 19 Akten des XII. internationalen Germanistenkongresses, Warschau 2010. Vielheit und Einheit der Germanistik weltweit. Deutsch als Fremdsprache im Wandel. Deutschlernen an der Grenze. Wider den Einheitsunterricht! Literatur, Kunst und Musik im Kontext. Deutsch als Fremd- und Zweitsprache. Deutsch im Rahmen von Mehrsprachigkeitskonzepten. Karikatur im Fremdsprachenunterricht: Zur gegenwärtigen sprachdidaktischen Rolle des satirischen Bildes. Herausgegeben von Franciszek Grucza. Mitherausgeber: Marina Foschi Albert, Annette Kliewer, Camilla Badstübner-Kizik, Barbara Sadownik, Kamal El Korso. 2013.

Band 20 Akten des XIII. Kongresses der Internationalen Vereinigung für Germanistik (IVG), Shanghai. Band 1: Germanistik zwischen Tradition und Innovation. Eröffnung, Ansprachen, Festreden, Berichte, Protokolle. Herausgegeben von Jianhua Zhu, Jin Zhao, Michael Szurawitzki. 2016.

www.peterlang.com